PARA MELHOR CONHECER A GEOPOLÍTICA BRASILEIRA

Catalogação na Fonte
Elaborado por: Josefina A. S. Guedes
Bibliotecária CRB 9/870

F814p
2020

França, Maurício Aparecido
Para melhor conhecer a geopolítica brasileira / Mauricio Aparecido França. - 1. ed. – Curitiba: Appris, 2020.
135 p. ; 21 cm – (Ciências sociais)

Inclui bibliografias
ISBN 978-85-473-4527-3

1. Geopolítica - Brasil. 2. Política internacional – Brasil. I. Título. II. Série.

CDD – 327

Livro de acordo com a normalização técnica da ABNT

Editora e Livraria Appris Ltda.
Av. Manoel Ribas, 2265 – Mercês
Curitiba/PR – CEP: 80810-002
Tel. (41) 3156 - 4731
www.editoraappris.com.br

Printed in Brazil
Impresso no Brasil

Mauricio França

PARA MELHOR CONHECER A GEOPOLÍTICA BRASILEIRA

Appris editora

À minha esposa, Valquíria, e aos meus filhos, Giovanna, Giulia e Pedro Henrique, pelo apoio sempre incondicional aos meus projetos.

APRESENTAÇÃO

O objetivo deste livro é descrever a evolução da Escola Geopolítica Brasileira no século XX, servindo de fonte de consulta rápida aos estudiosos do assunto. Os autores aqui analisados são descritos de maneira a permitir um encadeamento lógico de suas teorias.

Sob uma ótica histórica, as ideias dos principais pensadores nacionais são analisadas, destacando-se os reflexos delas nos diversos projetos de governo que, ao longo do século, visavam a desenvolver o Brasil. Questões como a coesão interna, a soberania brasileira na Amazônia, a transferência da capital e a malha de transporte são fontes permanentes de preocupação no Brasil.

É possível ainda identificar pontos em comum que assinalam a construção de um pensamento genuinamente nacional, destacando-se nesse contexto o papel dos militares, cujas ideias se fazem presentes até os dias atuais. A leitura permitirá entender um pouco da formação das personalidades do cenário político nacional que foram formadas sob a influência direta da geopolítica. Boa parte do primeiro escalão do governo foi formada na Academia Militar das Agulhas Negras e alguns cursaram a Escola Superior de Guerra, verdadeiro berço do pensamento geopolítico brasileiro.

Finalmente, é possível verificar a presença de teorias estrangeiras que moldaram a realidade nacional, mas que foram adaptadas à realidade brasileira no momento de sua implementação.

O autor

PREFÁCIO

Ce que l'on conçoit bien s'énonce clairement
Et les mots pour le dire arrivent aisément.

(*Nicolas Boileau, Art poétique, Chant I, v. 153-154*)

O livro de Mauricio A. França nasceu na ocasião do mestrado que ele cursou em 2017-2018 na École Pratique des Hautes Études em Paris, quando constatou que "simplesmente, os nossos autores são desconhecidos pela esmagadora maioria dos estudiosos na Europa". Ele resolveu então preencher essa lacuna e produzir "uma análise aprofundada dos trabalhos considerados mais representativos entre os cinco autores considerados responsáveis pela introdução e construção de tal escola [geopolítica brasileira]".

O livro que ele nos oferece hoje traz a marca dessa gênese francesa. Evitar-se-á mencionar aqui que o sobrenome do autor parecia destiná-lo a estudar na pátria de Descartes – e a adquirir os modos de pensar peculiares a esse país – e citar-se-á outro autor francês, Nicolas Boileau (1636-1711): encontram-se em sua *Arte poética* os versos colocados em epígrafe deste prefácio: "O que se concebe bem se declara claramente/ e as palavras para dizê-lo chegam facilmente".

De fato, o livro de Mauricio A. França é de uma admirável clareza e se lê com facilidade, mesmo sendo provável que palavras não tivessem chegado tão facilmente à pluma (ou melhor, ao teclado) do autor e que ele deva ter seguido outro conselho de Boileau, "Fazer vinte vezes, recomeçar a obra, poli-la constantemente, poli-la sem descanso", para chegar a este texto conciso e límpido. Ao fazê-lo, com sucesso, Mauricio sem dúvida atingiu o seu objetivo, "servir de fonte de consulta rápida aos estudiosos do assunto".

Outra possível marca francesa é a insistência do autor em estabelecer uma sequência lógica entre as ideias e os capítulos, que é uma mania – para não dizer um cacoete – dos franceses: "Os autores aqui analisados são descritos de maneira a permitir um encadeamento lógico de suas teorias" e "Foi possível identificar o encadeamento de ideias entre os autores em uma clara construção de pensamento".

O corpo do livro é, portanto, formado pela análise da obra de cinco autores que formam uma verdadeira "école de pensée": Everardo Backheuser (1879-1951), Mário Travassos (1891-1973), Golbery do Couto e Silva (1911-1987), Carlos de Meira Mattos (1913-2007) e Therezinha de Castro (1930-2000).

Todos tiveram colaborações valiosas à construção da escola, sobre tópicos tão importantes – e atuais – como a coesão interna do país, a soberania brasileira na Amazônia, a transferência da capital e a malha de transporte, temas que até hoje, segundo o autor, "são fontes permanentes de preocupação no Brasil".

Por exemplo, Backheuser, pensando sobre o ordenamento territorial do Brasil, sugeriu, conforme Mauricio França, "uma reorganização das unidades da federação com o objetivo de enfraquecer o poder oligárquico de vários estados [...]. Ademais, defendia a transferência da capital do país para o interior", bem antes da construção de Brasília, considerando que "teoricamente o melhor lugar de uma capital é o centro do país".

Mário Travassos, Golbery do Couto e Silva e Carlos de Meira Mattos, que têm em comum terem sido membros da Força Expedicionária Brasileira (FEB) na Itália durante a Segunda Guerra Mundial, contribuíram igualmente com ideais férteis: os "antagonismos" geográficos da América do Sul, o "triângulo econômico da América do Sul", entre as cidades bolivianas de Cochabamba, Santa Cruz de la Sierra e Sucre, a importância da Amazônia como área estratégica, a definição de círculos prioritários para um Brasil que buscasse afirmar-se como potência mundial.

Therezinha de Castro, que trabalhou por 27 anos no Conselho Nacional do Instituto Brasileiro de Geografia e Estatística (IBGE) antes de se juntar ao quadro da Escola Superior de Guerra, acrescentou uma visão original da Antártida e a tese da triangulação das ilhas do Atlântico Sul, que fez dela "a mais importante pensadora brasileira dos mares do século XX", que "influenciou a postura do Brasil em favor dos argentinos na disputa das Malvinas em 1982".

Apoiando-se nas principais escolas de pensamento anteriores, a alemã (ou determinista), a francesa (ou possibilista), a anglo-saxônica (na encruzilhada das duas outras) e em outras fontes, como Arnold J. Toynbee (colocando em perspectiva a teoria dos "desafios e respostas"), eles (e ela) realmente construíram um arcabouço teórico capaz de levar em conta os trunfos do Brasil, segundo o autor: "sua dimensão geográfica que lhe confere uma grande variedade de recursos; sua população, que representa uma enorme força de trabalho; a capacidade tecnológica [...] e sua coesão interna". O que, de acordo com Mauricio A. França, "eram fatores que justificavam o otimismo do[s] autor[es]".

Esse otimismo deve ser – pensamos nós – compartilhado por ele, apesar da discrição que mantém ao longo do livro. Essa hipótese nos parece reforçada pelas últimas linhas da obra: "certamente, novos autores darão continuidade a esse encadeamento de ideias, aperfeiçoando os conceitos já solidificados e indo muito além de seus antecessores. O futuro do Brasil chegou!". Ao ler este livro, só podemos concordar.

Hervé Théry

Diretor de pesquisa emérito do CNRS/Creda
(Centre National de la Recherche Scientifique/Centre de Recherche et de Documentation des Amériques)
Professor de pós-graduação em História na Universidade de São Paulo (USP-PPGH)
Codiretor da revista Confins

SUMÁRIO

INTRODUÇÃO

A palavra "geopolítica" surgiu no final do século XIX quando o autor Rudolf Kjellén[1] a definiu como um dos ramos da "ciência do Estado" para analisar as implicações de geografia sobre a condução política de uma nação.

Essa definição evoluiu durante o século XX. Às vezes, o termo "geografia política" foi utilizado preferencialmente no lugar da palavra "geopolítica", que assumia uma conotação negativa, sendo associada a projetos imperialistas, como o de Hitler. Mas, finalmente, Lacoste estabeleceu a definição que servirá de base para este trabalho:

> O termo "geopolítica" [...] significa, em primeiro lugar, tudo o que diz respeito a rivalidades de poder ou influência sobre territórios e populações que lá vivem, sejam rivalidades entre poderes políticos de todos os tipos (e não somente entre estados ou nações), mas também entre estados e movimentos políticos ou grupos armados mais ou menos clandestinos – todas essas rivalidades visando ao controle, à conquista ou à defesa de territórios grandes ou pequenos.[2]

Depois de compreender a definição da palavra "geopolítica", devemos entender o escopo do termo "escola". Segundo o dicionário Larousse,[3] "um conjunto de partidários da mesma doutrina [...] [ou] um grupo de artistas da mesma tendência" pode ser definido como uma escola. Ou seja, existe uma escola geopolítica quando a mesma tendência no pensamento geopolítico pode ser definida entre vários autores. Por outro lado, se não for possível encontrar convergências ou tendências entre autores distintos, permaneceremos diante de diferentes teorias independentes umas das outras.

---

[1] LOUIS, F. *Les grands théoriciens de la géopolitique.* Paris: PUF, 2016. p. 12.

[2] LACOSTE, Y. *La longue histoire d'aujourd'hui.* Paris: Larousse, 2006. p. 21.

[3] LAROUSSE. *Le petit Larousse.* Paris: Larousse, 2014.

No Brasil, o primeiro uso da palavra "geopolítica" deve-se a Everardo Beckhauser em 1933, data que marca o início da Escola Geopolítica Brasileira. No entanto, os colonizadores portugueses já haviam demonstrado a importância do ordenamento territorial na consolidação das fronteiras, bem como a importância do controle da bacia do Prata[4] para garantir as exportações da região oeste do Brasil.

Localizado na América do Sul, o Brasil possui uma superfície terrestre de 8,5 milhões de quilômetros quadrados, ocupando o quinto lugar no ranking mundial. Sua fronteira terrestre é de quase 16 mil quilômetros e sua costa possui de cerca de 7.400 quilômetros, dando-lhe uma área marítima de quase 4,5 milhões de quilômetros quadrados. O Brasil faz fronteira com 10 dos 12 países da América do Sul: os únicos países com os quais não tem fronteira comum são o Chile e o Equador.

Desde a descoberta do Brasil pelos portugueses em 1500, o país recebeu várias ondas de imigração. Os habitantes do Brasil formam assim uma mistura de povos (47% brancos, 43% pardos, 7% negros, 1% asiáticos e quase 0,5% indígena). A população brasileira é estimada, em 2017, em mais de 208 milhões de pessoas, o que lhe confere também a quinta maior do mundo.

[4] A bacia do Prata é um dos maiores sistemas fluviais do planeta. Abrange uma grande parte do centro e do norte da Argentina, sudeste da Bolívia, quase toda a região sul do Brasil, todo o Paraguai e grande parte do Uruguai. Ver UNESCO. Programme Mondial pour l'évaluation des ressources en eau (WWAP). 2017. Disponível em: http://www.unesco.org/new/fr/natural-sciences/environment/water/wwap/case-studies/latin-america-the-caribbean/la-plata-basin-2006/. Acesso em: 24 set. 2017.

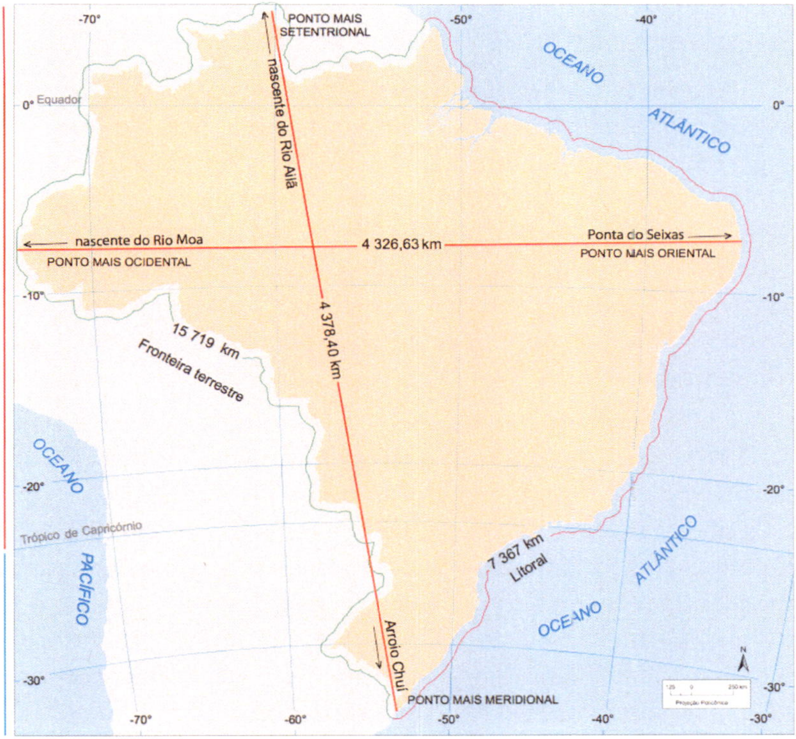

Figura 1 – Dimensão territorial do Brasil

Fonte: IBGE, Diretoria de Geociências, Coordenação de Estruturas Territoriais (2016)

Esses números caracterizam a grandiosidade do país. Por essa razão, no decorrer da história, vários autores dedicaram seu trabalho a uma reflexão centrada nesse território: como poderiam contribuir para o desenvolvimento nacional; como poderia a sua soberania ser salvaguardada? A exemplo da Europa, o pensamento geopolítico brasileiro não começou abruptamente. Ele encontra suas raízes na reflexão sobre "a influência de fatores geográficos nos estudos, planejamento e decisões políticas, ou mais precisamente no estabelecimento dos objetivos do Estado".[5] Fator perene na história do Brasil.

A formação do território brasileiro pode ser considerada um claro exemplo de uma decisão baseada na geopolítica. No contexto das grandes navegações do século XV, em 1494, Espanha e Portugal estabeleceram o Tratado de Tordesilhas, pelo qual as duas potências da época dividiram o novo mundo. Territórios descobertos até 370 léguas de Cabo Verde seriam portugueses e, além desse limite, espanhois. Assim, em 1500, quando o português Pedro Álvares Cabral chegou ao Brasil, os limites eram muito diferentes daqueles que conhecemos hoje.

Por várias razões, os portugueses superaram em muito o limite inicial. O movimento conhecido como "Entradas e Bandeiras", com base na busca por riquezas naturais, praticamente dobrou a área do território brasileiro. Obviamente não havia um planejamento geopolítico, mas, claramente, a expansão territorial portuguesa se enquadra de maneira perfeita na teoria de que o Estado tende a se expandir, a qual citaremos mais adiante. Há que se destacar que havia um enorme vazio no interior do continente, o que demonstra certa negligência sobre esse aspecto pelos espanhóis.

Nesse contexto, em que pese o fato de que a disciplina geopolítica não estivesse ainda formatada, a Escola Superior de Guerra (ESG) do Rio de Janeiro considera que os pioneiros do pensamento brasileiro são Alexandre de Gusmão (1695-1753), José Bonifácio (1763-1838), Visconde de Rio Branco (1819-1880) e Barão do Rio Branco (1845-1912). Essas figuras da história brasileira foram responsáveis, cada uma em seu tempo, por projetar uma política pragmática acompanhada de uma reflexão sobre o ordenamento do território. Assim, Gusmão foi responsável pelo sucesso das negociações do Tratado de Madri de 1750, que definiram em grande parte os contornos do atual território brasileiro; Bonifácio, ainda na época do Império, já considerava a transferência da capital para o interior

[5] LUZ GABRIEL, P. H. *O pensamento geopolítico brasileiro*: a originalidade das contribuições de Carlos Meira Matos. 2012. Dissertação (Mestrado) – Universidade Federal Fluminense, Niterói, 2012. p 32.

do Brasil um meio de desenvolvimento da região central; e, finalmente, o Visconde e seu filho Barão do Rio Branco negociaram os problemas de fronteira do Brasil com os países vizinhos da América do Sul, fornecendo argumentos para vários pareceres arbitrais em áreas problemáticas.

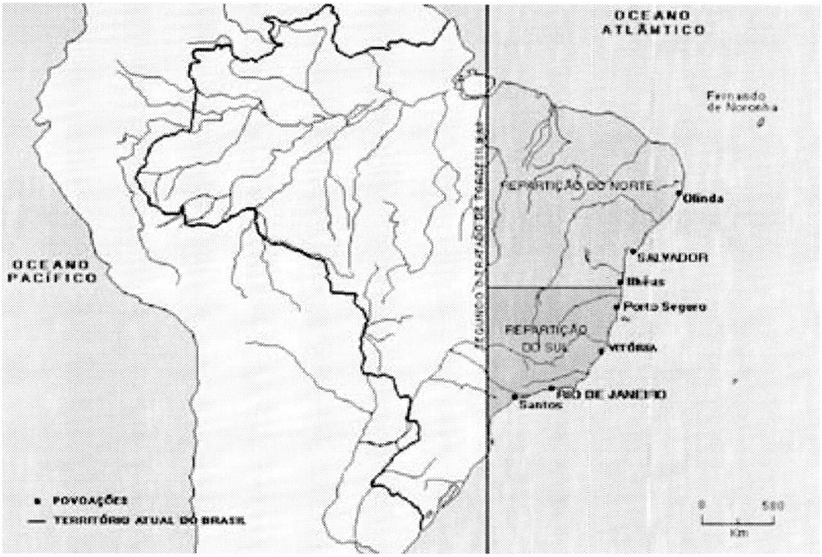

Figura 2 – Evolução territorial do Brasil

Fonte: disponível em: http://cadernodehistoria1.blogspot.com/2011/01/brasil-pre-colonial.html. Acesso em: 10 dez. 2019

Como mencionado, a produção escrita de Everardo Backheuser marca o início da Escola Geopolítica Brasileira. Durante o século XX, vários autores dedicaram seus trabalhos ao pensamento geoestratégico do Brasil, dentre os quais devem ser destacados: Mário Travassos (1891-1973), Golbery do Couto e Silva (1911-1987), Carlos de Meira Mattos (1913-2007) e, ainda, Therezinha de Castro (1930-2000).

No entanto, é possível observar que tais pensadores e suas ideias são desconhecidos do público em geral que conhecem, pelo menos *grosso modo*, os trabalhos desenvolvidos por outras escolas internacionais. Talvez a historiografia tenha desprezado as suas contribuições, tentando evitar uma clara associação com o pensamento militar brasileiro.

Embora não seja objetivo deste trabalho detalhar as principais correntes de pensamento internacional, faz-se necessário, a título de introdução, um sobrevoo sobre elas. Para isso, serão adotados os conceitos que Jean-Marie Bohou[6] traz em seu trabalho:

- **A escola alemã ou determinista** é centrada em espaços continentais. Para essa corrente de pensamento, o ambiente físico tem uma influência decisiva na atividade humana. O homem é apenas o produto do seu ambiente. As atividades econômicas, o meio ambiente, o destino dos homens e do Estado são produto da localização das fronteiras e, principalmente, da extensão do espaço territorial. Essa escola vê o Estado como um "organismo vivo" que tem as mesmas necessidades de um ser humano. Ela considera a geopolítica com origem das políticas de poder e visa à grandeza do Estado com base em sua projeção externa e em sua expansão. Ela acredita que o Estado tem dois destinos a escolher: dominador ou dominado. Para alcançar os objetivos nacionais de sua expansão, o homem deve se empenhar pela sua sobrevivência, pela do Estado e do seu espaço.
- **A escola francesa ou possibilista** concentra-se nos efeitos políticos da liberdade humana. Essa escola, cujo precursor é Paul Vidal de La Blache (1845-1918), não admite a visão de que o Estado é um "ser vivo político", mas uma unidade nacional e cultural que desenvolve atividades econômicas ao serviço da consciência coletiva dos cidadãos. Em oposição ao pensamento alemão, essa escola insiste na liberdade, na autonomia das sociedades políticas de uma determinada área geográfica definida como fonte de possibilidades. Finalmente, essa escola dá mais importância às forças morais e espirituais, como a liberdade e o patriotismo.
- **A escola anglo-saxônica** está na encruzilhada das duas escolas citadas anteriormente. Tendo se desenvolvido verdadeiramente depois de 1945, essa escola é marcada pela relação entre o mar

[6] BOHOU, J.-M. *Géopolitique et projection de puissance du Brésil au XXIeme siècle.* Paris: L'Harmattan, 2007. p. 23.

> e a terra e a projeção de poder. Enquanto a tradição geopolítica alemã concentra-se no poder continental e na ideia da unidade eurasiana, os ingleses e os americanos enfatizam o caráter determinante do poder: o poder terrestre e o poder marítimo.

Após a compreensão do conceito de escola geopolítica, de seus primeiros traços no Brasil e das principais correntes de pensamento, é possível melhor entender as teorias nacionais que aos poucos foram sendo edificadas no país.

CAPÍTULO 1

OS FUNDADORES

A Escola Geopolítica do Brasil possui como alicerce dois autores que introduziram essa disciplina nas universidades do Rio de Janeiro e que, de maneira metódica, analisaram a situação interna e externa do país. Os dois autores, Backheuser e Travassos, viveram em uma época de intensa mudança política. Suas ideias e reflexões iriam influenciar o planejamento estratégico do Estado não somente nos seus dias, mas também estariam presentes nas gerações futuras, inclusive as de hoje.

Everardo Backheuser (1879-1951)

Nascido em 1879 no Rio de Janeiro, o intelectual e político formou-se geólogo na Escola Politécnica do Rio de Janeiro, onde lecionou o assunto. Com o passar do tempo, seu interesse mudou para a antropogeografia, depois para a geografia política/geopolítica.

A partir de uma visão conservadora, antirrepublicana, antifederalista e pró-centralização do poder governamental, uma das principais preocupações de Backheuser quanto ao ordenamento territorial do Brasil foi a reorganização das unidades da federação, com o objetivo de enfraquecer o poder oligárquico de vários estados que se opunham ao poder do governo central. Ademais, defendia a transferência da capital do país para o interior.[7]

[7] WHITAKER, R. *Atlântico Sul & ilhas britâncias*: análise geopolítica pelo pensamento de Therezinha de Castro. 2016. Dissertação (Mestrado) – Universidade Federal Fluminense, Niterói, 2016.

O Brasil havia rompido com o regime monárquico em 1889 quando a República Federativa de regime presidencialista foi proclamada. Entretanto, na época do trabalho de Backheuser, o sistema estava longe de ser igualitário, já que as oligarquias dos dois estados federados mais fortes – Minas Gerais e São Paulo – arranjavam-se convenientemente em uma alternância questionável de poder. Os interesses do povo foram reinterpretados pela vontade dos grandes produtores de café (São Paulo) e leite (Minas Gerais). Essa foi a "Política do Café Leite" da região Sudeste.

Para mudar o status quo, uma revolução popular foi iniciada por Getúlio Vargas – político representante da região Sul que prometeu profundas reformas. Claramente, Beckhauser apoiou o golpe de Estado em 1930, que ele pensou ser capaz de introduzir medidas alinhadas com o seu pensamento geopolítico.

Seus principais trabalhos incluem dois estudos que serão analisados a seguir: *Problemas do Brasil. Estrutura geopolítica. O espaço* (1933) e *Curso de geopolítica geral e Brasil* (1955).[8]

Problemas do Brasil. Estrutura geopolítica. O espaço

Backheuser começa dizendo que seu objetivo era propor medidas que considerava necessárias e oportunas em meio às expectativas por uma nova constituição, a qual Getúlio Vargas prometera ao assumir o poder em 1930. Ele guiou seu raciocínio pela ciência geopolítica que o levou a questionar dois problemas: a **divisão territorial em estados federados** e a **mudança da capital do país**, localizada no Rio de Janeiro na época.

[8] Ver FREITAS, J. M. *A escola geopolítica brasileira*: Golbery do Couto e Silva, Carlos de Meira Mattos e Therezinha de Castro. Rio de Janeiro: Biblioteca do Exército Editora (BIBLIEx), 2004.

O autor enfatiza que a geopolítica é uma das cinco subdivisões da política, de acordo com o conceito de Rudolf Kjellén[9] publicado em 1924. Os outros são o sociopolítico, o demopolítico, o ecopolítico e o cratopolítico.[10]

> **Geopolítica** – que tem por objeto de investigação o território com organização política.
>
> **Demopolítica** – que estuda o povo e as raças, não como faria a etnografia, mas as suas relações políticas como nação.
>
> **Ecopolítica** – que tem como propósito o estudo da atividade econômica, ou seja, "a vida da nação em trabalho". Não é a economia política e nem a Geografia Econômica, embora mais próxima desta.
>
> **Sociopolítica** – que tem por finalidade o estudo da sociedade dentro da nação.
>
> **Cratopolítica** – para tratar das questões de governo e de administração, isto é, questões relativas ao regime político e às manifestações de soberania (geralmente essas questões são consideradas como os únicos ou, então, como os principais objetos da Ciência Política).

Segundo ele, a geopolítica estuda a influência do fator "Terra" no desenvolvimento de um país. Define como característica desse fator três aspectos: o "espaço" que o país ocupa; "a forma" que ele possui; e "a posição" em relação a outros países poderosos. Como indicado no título de seu livro, é no espaço que ele concentra seus esforços.

---

[9] Nascido na Suécia em 1846, Kjellén teve uma formação em Direito e viveu uma vida essencialmente acadêmica, lecionando tópicos de Direito e Política na Suécia e, posteriormente, na Alemanha. Ávido germanófilo, viu no incipiente país a esperança de conter as ambições imperiais da Rússia. Ver CORREIA, P. P. *Manual de Geopolítica e Geoestratégia* – Volume I: Conceitos, Teorias, Doutrinas. Coimbra: Edições Almedina AS, 2010. p. 137.

[10] Ver LOUIS, 2016, p. 56.

O valor político da "grande área" do Brasil

> *Um país com uma grande área e uma pequena população é um grande estado do futuro, se os fundamentos naturais ou econômicos não forem contrários ao seu desenvolvimento.*
>
> *(Ratzel)*[11]

A título de curiosidade, a obra de Backheuser que estamos analisando data de 1933, portanto, oito anos antes de o escritor judeu-austríaco Stefan Zweig ter publicou o livro *Brasil, um país do futuro*, que por muitos anos foi utilizado como slogan motivacional para o otimismo brasileiro. Há uma similaridade de raciocínio, já que partiram de um mesmo princípio.

O Brasil tem uma área de 8,5 milhões de quilômetros quadrados, a quinta maior do mundo, o que agrega valor político. Segundo o critério de Ratzel,[12] para definir o tamanho de um país, o Brasil é uma grande nação, isto é, um grande espaço. Além disso, o Brasil não possui áreas politicamente "*fictícias*", como desertos ou geleiras, que não podem ser utilizadas.

A região semiárida do Nordeste pode ser utilizada desde que sejam executadas as diversas medidas, já propostas pelo ex-presidente Epitácio Pessoa que, em 1919, estabeleceu como meta a construção de várias barragens para fazer frente aos períodos de seca, definindo como fonte de financiamento 15% das despesas públicas para esse projeto. E mesmo a Amazônia não representa um obstáculo ao uso do território, na medida em que os rios são verdadeiras estradas que

[11] Ver BACKHEUSER, E. *Problemas do Brasil. Estrutura geopolítica. O espaço.* Rio de Janeiro: Grupo Editor Omnia, 1933. p. 37.

[12] Nascido em 1844, em Karlsruhe, Friedrich Ratzel viveu em uma época politicamente conturbada, na qual a Alemanha, tal como hoje é conhecida, estava em pleno curso de sua formação, com o empenho do chanceler Otto von Bismarck em combinar as distintas unidades políticas pangermânicas em um único Estado. Esse ambiente pesou sobre Ratzel que, a despeito do fato de ter tido uma formação em Zoologia, mudou o foco de suas pesquisas para a Geografia e preocupava-se com o que via como uma "unificação malfeita" do seu país. Ex-combatente da Guerra Franco-Prussiana, Ratzel era um fervoroso nacionalista, conclamando por uma Europa unificada sob a liderança da Alemanha e para que esta entrasse na corrida colonial europeia (ver CORREIA, 2010, p. 132).

permitem tanto o surgimento de novas cidades quanto a exploração econômica sustentável.

O autor prossegue explorando a questão do *"valor do espaço"* nos vários continentes que, segundo ele, diferem-se enormemente em função de seu processo de formação. Na Europa e na Ásia, a construção das nações deu-se por meio de guerras de conquista ou pela anexação de territórios ligados historicamente uns aos outros. Essa característica adicionou "valor" ao "espaço".

Por outro lado, na América do Sul, por exemplo, a descolonização resultou em grandes áreas sem nenhuma vantagem imediata, pois não havia uma população presente. **A dimensão por si só não adiciona um valor político a uma superfície.**

Backheuser faz a pergunta: **é realmente uma vantagem possuir um território grande?**

Para responder a essa questão, o pensamento de Ratzel é novamente citado. O pensador alemão havia dito que o **espaço determina as possibilidades de se ter vários recursos naturais, aumenta o comércio por causa de vários pontos de exportação e permite o crescimento da população. Então, é uma vantagem.**

De seu próprio ponto de vista, Backheuser aponta que uma grande extensão de terra desenvolve confiança e otimismo entre a população, um tipo de psicologia social que pode levar as pessoas ao trabalho. No entanto, o perigo vem do fato de que esse otimismo pode desencadear uma "**indulgência**".

Como desvantagem, o autor brasileiro afirma que os espaços abertos são obstáculos para a ocupação efetiva do território, especialmente nas antigas colônias como o Brasil, onde o comércio sempre ocorreu ao longo da costa. O legado desse passado consiste em uma vasta área interiorana a ser desenvolvida. A diferença é notória entre a ocupação territorial dos estados de Goiás ou Mato Grosso e o que se observa nos estados litorâneos, como São Paulo e Rio de Janeiro.

De maneira mais enfática, o autor brasileiro assinala que, devido à existência de "grandes espaços desocupados", existe sempre a possibilidade de fragmentação do território, pois a ausência de um poder central próximo funciona como uma força centrífuga. Por exemplo, esse teria sido o caso do Império Romano, que teve dificuldade em manter o controle nos pontos mais distantes de Roma, o que finalmente desencadeou a dissolução do próprio Império.

A fim de evitar a fragmentação do Brasil, é necessário, ao mesmo tempo, transferir a capital para o centro do território e alterar a conformação dos estados da federação, a fim de alcançar uma harmonização das suas dimensões. Essas duas medidas, consideradas essenciais por Backheuser, são explicadas em detalhes mais adiante em seu livro.

O "princípio do equipoder" aplicado à divisão territorial do Brasil

O sentido de ser uma federação repousa no princípio de que todos os estados detêm o mesmo poder, não apenas em termos de seu tamanho, mas também em termos de sua eficácia política e econômica. Entretanto, admitindo que essa meta jamais seja totalmente exequível, o governo de um país deve sempre procurar uma forma de melhor equilibrar as disparidades. No Brasil, na época do Backheuser, observava-se que uma espécie de predestinação geo-histórica reinava sobre a divisão do território e contra a qual a sociedade não queria lutar. Por causa disso, um "regionalismo" exagerado e uma preocupação excessiva com a manutenção de costumes locais poderiam no futuro, segundo o autor, ser a origem de uma fragmentação do país.

O Brasil é uma organização com uma "*vida própria*" e o governo central deve conter a vontade dos estados para evitar a fragmentação. As unidades da federação não precisam ter desenvolvimento autônomo, devem sim se complementar. É um pensamento claro, relacionado à teoria de Ratzel, que primeiro fez tal comparação.

Com o intuito de explicar a conformação do território brasileiro, Backheuser descreve a evolução do Brasil desde sua época colonial, notoriamente no que tange às nuances da administração local que foi instaurada.

As capitanias hereditárias foram estabelecidas pelo critério da igualdade de dimensões, resultando em 15 porções semelhantes doadas aos donatários – pessoas de posses ligadas ao rei de Portugal. No entanto, como a ocupação não progrediu com esse sistema, a Coroa nomeou um governador-geral encarregado da administração colonial, incluindo os poderes para redefinir a divisão do território. O sistema de capitanias hereditárias, tanto rígido quanto ineficaz, evoluiu pouco a pouco para um sistema de "províncias" mais adaptadas à realidade econômica. Por meio do governador-geral, a Coroa retomou a posse e a administração em sua plenitude.

Finalmente, o autor destaca que, no contexto da ampliação do território brasileiro mencionado na introdução, novas províncias foram surgindo a cada expansão e, em alguns casos, algumas províncias já existentes foram simplesmente recebendo uma parcela adicional de terras.

Na Figura 3, é possível observar, de forma sintética, a evolução da distribuição do território brasileiro, desde a sua descoberta em 1500 até o momento em que a Backheuser publicou seu trabalho. Segundo o autor, esse processo causou as seguintes desvantagens:

- A distribuição não estava em conformidade com o "*princípio do equipoder*" entre os estados da federação, resultando em diferenças profundas. Com alguns territórios que eram imensos e outros que eram minúsculos, as disparidades na riqueza e na população levaram a desigualdades na representatividade presente no Congresso Nacional.
- O predomínio de estados mais poderosos no nível político fortaleceu os regionalismos e colocou problemas para o desenvolvimento geral do país.

- A sensação de que era "tarde demais" para mudar os limites internos e o medo de que uma reforma pudesse gerar uma secessão do território eram os principais problemas. Mas esses argumentos não são lógicos, porque, de acordo com Backheuser, ocorre exatamente o oposto. Uma vez enfraquecidos os regionalismos, as ameaças do separatismo teriam desaparecido completamente.

O Brasil na época do descobrimento

O Brasil em 1763

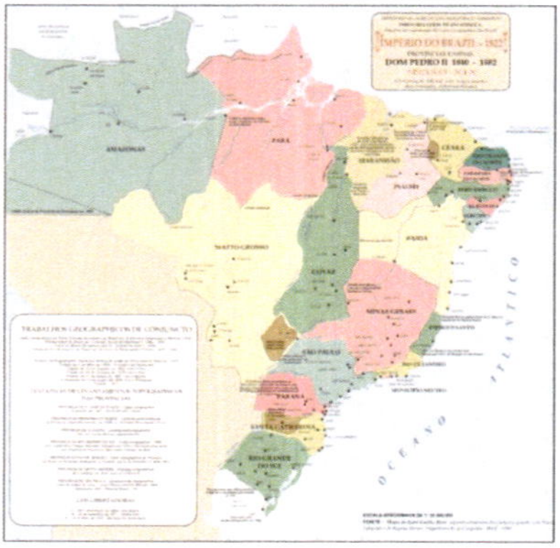

O Brasil da independência – 1822

O Brasil república – 1889

Figura 3 – Evolução territorial do Brasil

Fonte: adaptada do site https://brasil500anos.ibge.gov.br

Nesse sentido, o autor ressalta que essa revisão de limites deve ser imposta, pois esse tipo de reforma nunca é popular. Como exemplo dessa imposição, ele cita dois fatos, um no Brasil e outro na França: primeiro, a criação do distrito federal no Rio de Janeiro, apesar do forte protesto do estado do Rio de Janeiro; em segundo lugar, a nova divisão do território que se iniciou depois da Revolução Francesa, pela qual as 32 províncias existentes foram divididas autoritariamente em 85 departamentos.

Contra-argumentando os que pensavam que o Brasil deveria seguir o modelo americano de desenvolvimento, tendo em vista o modelo republicano federativo que havia inspirado o fim do nosso regime monárquico, Backheuser ressaltou que, nos Estados Unidos, o território estava dividido em 50 estados além de 1 distrito federal.

A República do Brasil, da forma que fora estabelecida, ajudou a criar rivalidades regionais por meio de diferenças em impostos, direitos, qualidade da educação e desequilíbrios populacionais.

Como solução para esse legado do passado colonial, o autor propõe medidas fundamentais derivadas do que ele chama de "fatores de equipotência", apoiadas pela teoria de Ratzel, citada várias vezes nessa parte de sua obra. Tais fatores são:

- **A superfície terrestre:** subdividida entre espaço (tamanho) e situação (desenvolvimento).
- **A população:** densidade atual e densidade possível com as condições naturais em um futuro desenvolvimento.
- **A eficiência econômica:** presente e previsível no futuro.

Depois de desenvolver cada aspecto em detalhe, o autor propõe o projeto representado a seguir pela Figura 4, na qual o país é dividido em 64 unidades básicas:

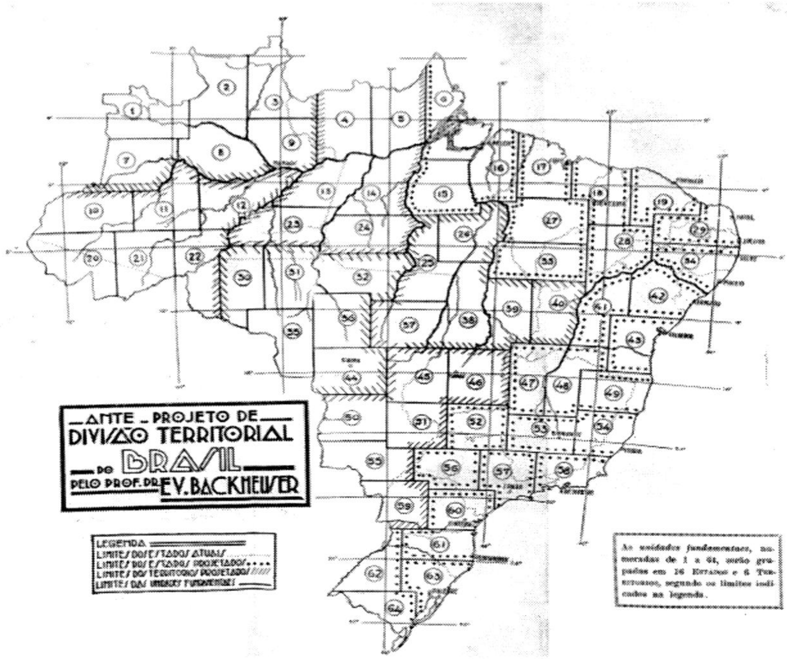

Figura 4 – Divisão territorial proposta por Backheuser
Fonte: Backheuser (1933, p. 176)

A localização da capital

A esse respeito, Backheuser novamente evoca o pensamento de Ratzel que, sobre o assunto, preconizava: "**teoricamente o melhor lugar de uma capital é o centro do país**".[13] Para justificar esse posicionamento, ele descreve as vantagens de se ter uma administração posicionada no centro do país, tais como a capacidade de defesa em caso de guerra e a facilidade de acesso a todo o território. Ressaltava, porém, que o centro do país, "o centro de gravidade", não deveria ser estabelecido apenas por critérios geográficos, mas também por parâmetros econômicos.

[13] BACKHEUSER, 1933, p. 184, grifos do original.

No Brasil, já na época da independência, a necessidade de se transferir a capital foi defendida por José Bonifácio, uma personalidade muito influente nos primeiros anos do Brasil Império que apresentou seu plano de construir uma cidade central para se estabelecer a corte, o congresso e os tribunais. Sem sucesso, o tema reapareceu na época da proclamação da República, em 1889, e, novamente por pressão dos representantes das províncias, a capital permaneceu no Rio de Janeiro.

A solução proposta pode ser assim sintetizada:

- Ele refuta a opção mais barata de transferência da capital para Belo Horizonte, porque apesar de sua posição um pouco mais distante da costa, essa cidade não é central o suficiente para garantir uma solução final. Em um ou dois séculos, teria de ser mudada novamente.
- Por outro lado, apoiando-se na visão organicista de Ratzel, defendeu a construção de uma nova cidade, localizada bem no centro do país, como se fosse o coração do país, com a capacidade de irrigar mais facilmente outras partes do corpo – os estados da federação.

Curso de geopolítica geral e do Brasil

Essa obra é uma clara adaptação da escola alemã. Em seu primeiro livro, Backheuser inspirou-se em Ratzel, mas agora ele passa a defender abertamente o pensamento do sueco Rudolf Kjellén, importante figura determinista da escola. Como o título sugere, esse é um curso de geopolítica que Backheuser pretendia implementar nas universidades brasileiras. Essa iniciativa reforça ainda mais a ideia de que ele é o grande precursor da escola brasileira.

O trabalho é dividido em duas partes. Na primeira, são dados os fundamentos teóricos da geopolítica, como a morfologia e a fisiologia do estado. Em seguida, o autor tenta fazer uma adaptação desses fundamentos teóricos à sua visão de realidade do Brasil, constituindo-se na parte mais relevante para o presente trabalho.

O estabelecimento das fronteiras do Brasil é dividido em quatro longas fases: **o período colonial** – com um acentuado alongamento das fronteiras; **o período monárquico** – no qual a regularização foi priorizada; **o período republicano** – período de demarcação; e **o período atual** (da época em que a obra foi publicada) – o da ocupação real.

Segundo ele, o período colonial corresponde à época em que a posse de novas terras seguiu a lógica da ampliação de movimentação das fronteiras da geopolítica, pela qual os portugueses visavam obter o máximo possível de riqueza expandindo-se para o norte na bacia Amazônica, para o centro em direção às minas de ouro existentes ou para o sul, em uma lógica de conquista da bacia do Prata. Os tratados estabelecidos na época, entretanto, não foram respeitados ao longo da história.

Durante o período monárquico, as fronteiras foram regularizadas por tratados diretos entre o Brasil e os países contestadores, evitando a mediação da autoridade católica vaticana, característica do período anterior. Para o sucesso dessas regularizações, o Império do Brasil evocou o princípio do *uti possidetis*, segundo o qual o território pertence àqueles que o ocupam.

Apesar dos avanços diplomáticos da monarquia, a demarcação territorial foi liderada pelos republicanos, cujo trabalho resolveu a grande maioria das disputas dos países vizinhos. Backheuser destaca a importância dos diversos tratados da época, especialmente o Tratado de Petrópolis, entre o Brasil e a Bolívia, por meio do qual o território do Acre foi "comprado" pelo Barão do Rio Branco.

A tradição pacífica do Brasil para solução de controvérsias foi particularmente destacada!

No que diz respeito ao período de produção do livro, isto é, a década de 1950, o autor faz uma observação sobre a necessidade de povoar as fronteiras. Após o trabalho no nível internacional de regularização e demarcação, os esforços do governo brasileiro deveriam se concentrar no enriquecimento das zonas mais distantes, a fim de evitar que uma população estrangeira vizinha se estabelecesse ali.

Essa teoria de vivificação das fronteiras, verdadeira "política de fronteira", foi evocada por diversos governos após a publicação do livro.

Backheuser defendia uma espécie de "marcha para o oeste", pela qual, através de subsídios do Estado, a população do sul e do sudeste do Brasil ocuparia toda a porção desabitada do território nacional. Caso contrário, sem um forte incentivo, a situação vigente continuaria de tal forma que a soberania do país poderia ser ameaçada.

A questão da unidade nacional foi levada em consideração pelo autor ao discutir a definição do centro de gravidade do país, que resultou no seguinte diagrama:

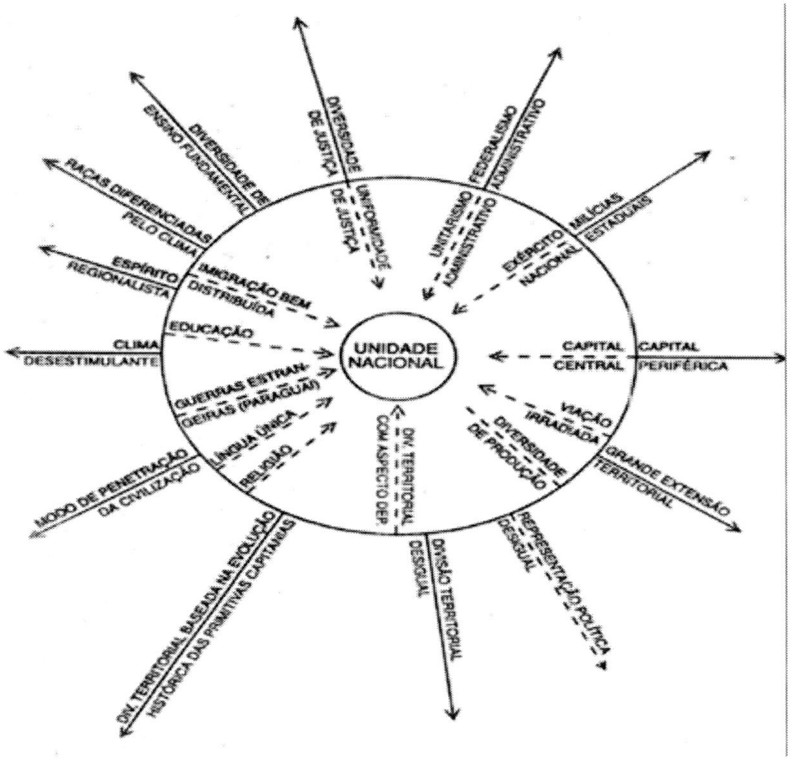

Figura 5 – Forças que interferem na construção da unidade nacional
Fonte: Backheuser (1933, p. 145)

No centro da figura está a unidade nacional, sempre influenciada pelas forças centrípetas e centrífugas. O primeiro grupo, **catalisadores da coesão nacional**, é constituído pela unidade judicial e administrativa, os exércitos nacionais, uma capital centralizada, estradas eficientes, produção diversificada, uma divisão territorial apropriada, uma religião única e uma língua, imigração interna bem distribuída, conflitos estrangeiros. No segundo grupo, **desestruturantes do Estado**, o autor enfatiza particularmente a existência de várias categorias de juízes, um federalismo exacerbado, milícias regionais, uma capital periférica, uma grande extensão territorial, uma fraca representação política e uma divisão territorial baseada em critérios históricos para fortalecer os regionalismos.

Conclusão intermediária

"De fato, a geopolítica apareceu no Brasil na década de 1920 com o trabalho do professor Backheuser, ou seja, imediatamente após o surgimento da corrente de ideia geopolítica na Alemanha."[14].

Everardo Backheuser deve ser entendido em seu contexto histórico, pois o Brasil depositava suas esperanças em um futuro melhor graças à administração de Getúlio Vargas, que lançou a República Nova em 1930 prometendo mudanças profundas no sistema político do país.

Em resumo, a Escola Geopolítica Brasileira começou com o trabalho de Everardo Backheuser, que implementou o estudo sistemático do tema nas universidades brasileiras. Seu pensamento serviu de base para vários governos e também para os autores que o seguiram.

A influência da escola alemã é notória em muitas passagens de suas obras, nas quais as ideias de Ratzel e Kjellén são mencionadas constantemente. Em particular, a comparação entre Estado-nação e corpo humano, conhecida como "teoria organicista", serviu como base para a busca de soluções inovadoras.

[14] PROST, C. *L'armée brésilienne*: organisation et rôle géopolitique de 1500 à nos jours. Paris: L'Harmattan. 2003. p. 10.

> A organização política do território é assim estabelecida: o estado é constituído como um organismo ligado a uma fração determinada da superfície terrestre, de modo que suas propriedades resultam das pessoas e do solo.[15]

Apesar da clara evidência dessa influência, permanece o fato de que suas propostas para o Brasil são autênticas e autóctones. Ao propor uma reconfiguração territorial do país, o autor conta com o modelo norte-americano de 50 estados além de 1 distrito federal e o com o modelo francês de 85 departamentos. Em relação a este último, o Brasil havia se inspirado nos ideais da Revolução Francesa, sem os ter adotado plenamente. Para o autor, alguma coisa estava faltando. O país deveria ter 64 departamentos com menos autonomia administrativa, pois "nenhum órgão do corpo humano deve ser autônomo, mas todos devem ser integrados ao corpo humano"[16]. "Na ordem animal ou vegetal, o organismo mais perfeito é aquele cujas partes sacrificam sua Independência a serviço do todo."[17].

É necessário ressaltar que o modelo defendido por Backheuser para o ordenamento territorial foi levado em conta por vários governos, até a atual configuração de 26 estados federados e um distrito federal.

Para defender a transferência da capital federal, com a finalidade de que uma nova cidade fosse construída no centro do país, o autor ainda evocou a situação ideal de que, sempre que possível, a capital deveria coincidir com o centro de gravidade para permitir a melhor gestão de todas as regiões e, consequentemente, melhor desenvolvê-las. Graças a essa reflexão, a cidade de Brasília foi construída no coração do país, no estado de Goiás. A eficácia dessa mudança é reconhecida, uma vez que o país tem desenvolvido fortemente o seu espaço interior.

Sobre o tema das fronteiras, Backheuser propõe um padrão de ocupação conhecido como "marcha brasileira para o oeste", conside-

[15] RATZEL, F. *La géographie politique.* Paris: Fayard, 1987. p. 61.

[16] PROST, 2003, p. 28.

[17] RATZEL, 1987, p. 64.

rado por ele uma questão de soberania em relação aos países vizinhos. Com base em suas ideias, existiram várias ondas de imigração do sul e do sudeste para o oeste e o norte do Brasil, incentivadas pelo governo federal.

> Backheuser foi o primeiro a estabelecer uma teoria dinâmica de fortalecimento das fronteiras em referência à teoria organicista do estado. A colônia tinha sido a época de uma grande distensão das fronteiras, o Império, de sua regularização e a República, de sua fixação e demarcação. Mas, preocupado com o "**quociente de pressão nas fronteiras**", o autor pediu a "vivificação e revitalização".[18]

Dada a análise feita nesta seção, a conclusão é que Everado Backheuser deve ser considerado um dos fundadores do pensamento geopolítico brasileiro. Suas ideias, influenciadas pela escola alemã, foram verdadeiramente inovadoras.

Mário Travassos (1891-1973)

Entre os primeiros autores a sistematizar os estudos sobre geopolítica no Brasil, encontra-se aquele que, nas décadas de 1930 e 1940, era capitão do exército: Mário Travassos. Seu primeiro livro, intitulado *Aspectos geográficos da América do Sul*, publicado em 1930 e republicado em 1931 sob o novo título *Projeção continental do Brasil*, é considerado por muitos autores posteriores um trabalho de referência nessa área.

Nascido no Rio de Janeiro em 20 de julho de 1891, Mário Travassos foi um proeminente oficial militar brasileiro do início do século XX. Entre suas principais funções, destacam-se as seguintes: membro da Força Expedicionária Brasileira (FEB) na Itália durante a Segunda Guerra Mundial, primeiro comandante da Academia

[18] PROST, 2003, p. 82, grifos nossos.

Militar das Agulhas Negras (AMAN) e membro da Comissão de Delimitação de Brasília.

A visão central de Travassos gira em torno dos "**antagonismos**" geográficos da América do Sul em consequência da dupla divisão desse continente. O primeiro corresponderia a uma oposição **leste-oeste**, pela Cordilheira dos Andes, que separa a porção voltada para o oceano Atlântico da porção debruçada no oceano Pacífico. O segundo seria fruto da oposição **norte-sul** no lado Atlântico, entre as bacias platina e a amazônica.

Projeção continental do Brasil

Esse livro foi publicado em 1931 por Mário Travassos, no mesmo contexto descrito quando estudamos Everardo Backheuser, o da Nova República de Getúlio Vargas, quando a população esperava profundas mudanças no Brasil. Se o autor anterior dedicou seu trabalho a uma reflexão sobre as possíveis rivalidades internas, Travassos começou a refletir sobre a situação geopolítica da América do Sul. O tema da projeção continental brasileira é o coração de seu livro.

Para alcançar seus objetivos, ele seguiu um caminho que se abre com a dicotomia entre os oceanos Atlântico e Pacífico para, em seguida, se aproximar da aparente oposição entre as bacias da Amazônia e do Prata. Termina sua narrativa com uma série de pensamentos sobre o destino do Brasil como o maior país do continente.

Na introdução, para justificar sua linha de raciocínio sobre os antagonismos na América do Sul, Travassos destaca que os Estados ainda tinham a vontade/necessidade de ter acesso ao mar. Por exemplo, é pertinente observar o caso da Rússia em relação ao mar Negro e a ampliação da Prússia rumo ao mar do Norte, da qual deriva a atual configuração da Alemanha. Do ponto de vista da dominação das bacias, o autor estabelece uma visão geral da África, onde a disputa sobre a bacia do Nilo ainda é uma fonte de atrito; da mesma forma, na época, ainda havia disputas entre ingleses e alemães pelo controle do Tigre e do Eufrates no Iraque.

Aspectos capitais da América do Sul

Segundo Mário Travassos, a América do Sul é caracterizada, entre outras coisas, por linhas (Figura 6) que condicionam a existência de regiões antagônicas. A costa do Pacífico é delimitada pela Cordilheira dos Andes, que isola uma faixa estreita que se estende de norte a sul e onde há recursos naturais limitados. Por sua vez, do lado do Atlântico, o relevo condiciona a existência de duas bacias que, por sua amplitude e recursos, competem entre si.

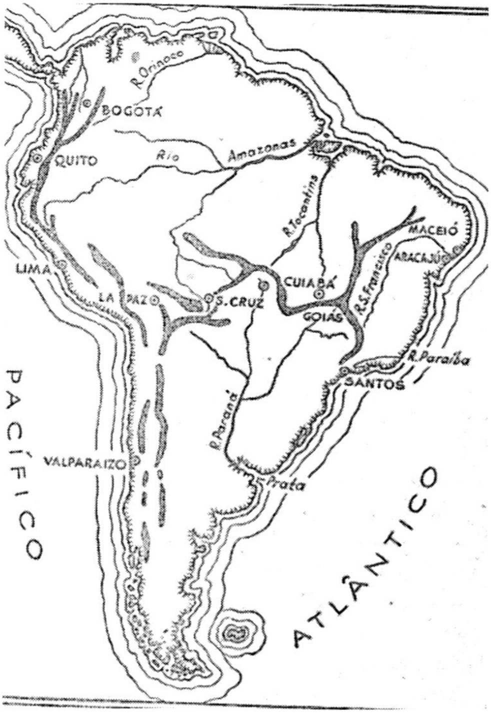

Figura 6 – Linhas divisoras da América do Sul
Fonte: Travassos (1935, p. 20)

Após assinalar os três grandes espaços da América do Sul – Andes, Amazônia e Prata –, o autor enfatiza a vantagem que as redes de transporte argentinas proporcionavam àquele país em um projeto de se tornar o ator mais relevante do continente. O Brasil deveria, portanto, agir para reverter a situação naquele momento.

Esse aspecto era bem nítido quando se observava a malha ferroviária da época. Na Argentina, existiam ferrovias (Figura 7) ligando a bacia do Prata com os países além da Cordilheira dos Andes. O Brasil deveria absolutamente seguir esse exemplo que, para Mário Travassos, era fruto do quadro político argentino de maior estabilidade que possibilitara a implementação de um efetivo plano nacional de desenvolvimento. Essa característica fundamental infelizmente não estava presente no Brasil.

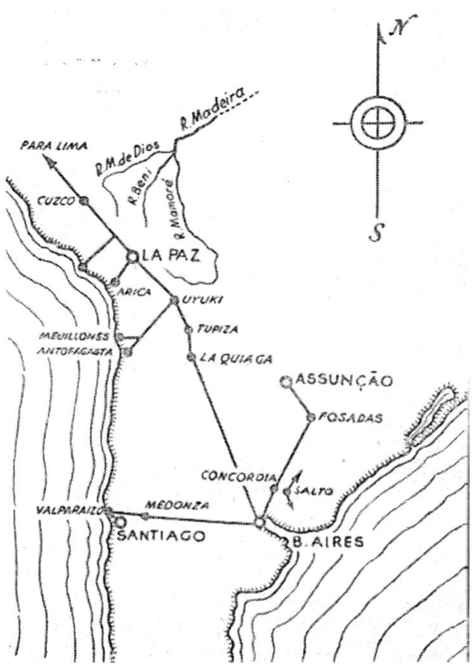

Figura 7 – Malha ferroviária argentina

Fonte: Travassos (1935, p. 31)

A cidade de Buenos Aires já era ligada a Assunção (Paraguai), a Santiago (Chile) e a La Paz (Bolívia). Segundo Travassos, esse investimento denotava uma tendência expansionista dos argentinos, pelo menos economicamente falando. Além disso, as ferrovias foram implementadas de modo a funcionar em complementaridade à navegação da bacia do Prata.

Dessas constatações, pensamentos importantes surgiram:

- Primeiro, as linhas férreas ofereciam acesso ao oceano Pacífico por um verdadeiro corredor de exportação continental, dando à Argentina uma enorme vantagem do ponto de vista geopolítico.
- Em segundo lugar, os argentinos abriram uma conexão entre o Atlântico e a região que Travassos denominava "**triângulo econômico da América do Sul**", composta pelas cidades bolivianas de Cochabamba, Santa Cruz de la Sierra e Sucre (Figura 8). Tal triângulo foi caracterizado pela sua capacidade para conectar as três grandes áreas do continente já mencionadas.

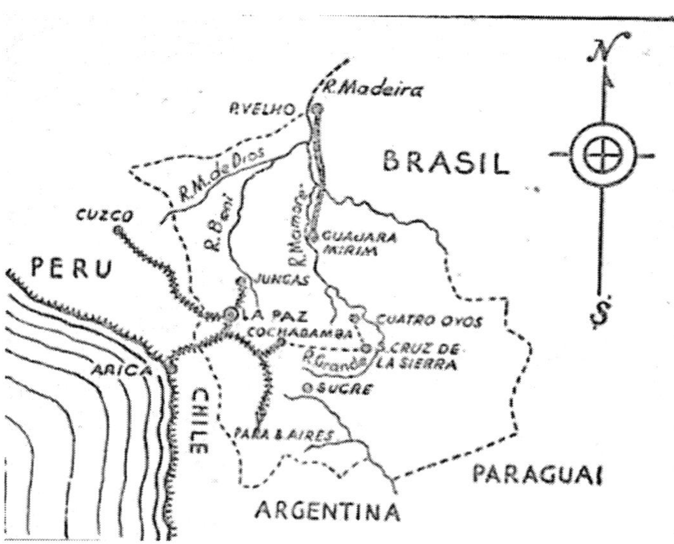

Figura 8 – Triângulo econômico da América do Sul

Fonte: Travassos (1935, p. 42)

Nesse contexto, a utilização da ferrovia Guajará-Mirim-Porto Velho deveria ser fortalecida, de modo a estabelecer uma espécie de equilíbrio de poder entre a importância da bacia Amazônica e a bacia do Prata. Outra possibilidade de multiplicação das potencialidades brasileiras era a exploração de possíveis cruzamentos entre a bacia Amazônica e a costa pacífica do Peru, o que poderia fortalecer o valor econômico da região. Cabe ressaltar que, somente em 2005, o governo federal alavancou o projeto de construção da BR 317 entre Rio Branco e San Juan, no Peru, mas ainda com pouco aproveitamento econômico.

A ligação entre Santa Cruz de la Sierra (Bolívia) e Corumbá (Brasil) foi proposta por Travassos como uma medida de emergência, para assegurar a influência sobre essa região que ele considerava vital no continente. Ele ressaltou que, apesar das dificuldades econômicas internas do Brasil na época, a construção dessa nova ferrovia entre as duas cidades era imperativa.

> Vale destacar que a ocupação das cidades de fronteira, do lado boliviano, teve seu início mais recente ligado à expansão e ocupação do oriente boliviano, sobretudo partindo de Santa Cruz de la Sierra. Conforme já foi dito, esse processo se iniciou com a chegada da Ferrocarril Oriente S.A., na década de 1950, e transformou a estação de Puerto Suárez no ponto final de ligação ao Atlântico, através do rio Paraguai. Com a conexão da Ferrocarril Oriente S.A. com a ferrovia Noroeste, Puerto Suárez e Corumbá se tornaram pontos fundamentais de ligação no caminho Brasil-Bolívia, assim, tornou-se rota do caminho de ambos os países até o Oceano Pacífico.[19]

[19] URIOSTE, F. C. Miguel. *Concentración y extranjerización de la tierra en Bolivia*. La Paz: Fundación Tierra, 2011.

Preocupações políticas do continente sul-americano

Nessa parte de seu livro, o autor discute possíveis fontes de instabilidade política na América do Sul, nas quais o Brasil deveria prestar atenção para não perder sua posição de principal protagonista no subcontinente.

Para Travassos, a instabilidade geográfica sul-americana resultava da conjugação das características físicas de certos países vizinhos e seus respectivos interesses na esfera internacional.

Mais uma vez, o autor destacou a Bolívia pela sua capacidade de interligar os Andes, região de fortes rivalidades Peru-Chile, às bacias platina e amazônica, onde a competição entre Brasil e Argentina era também consistente. Ele nos lembra de que a Bolívia perdeu seu acesso ao oceano na Guerra do Pacífico e, por isso, deveria ser apoiada para a exportação de sua produção, de uma forma lucrativa para os bolivianos e para os brasileiros. Travassos expressa seu receio de que um novo conflito pudesse ocorrer o que, por sua vez, traria reflexos de toda a ordem ao Brasil como a potência do continente.

A influência dos Estados Unidos na região era vista como um fator desestabilizador, pois Travassos considerava que, para alcançar seus objetivos, os americanos seriam capazes de neutralizar os esforços de desenvolvimento de qualquer país, graças ao seu poder econômico-militar. Segundo o autor, os americanos, caso quisessem desestabilizar a região, iriam explorar a fraqueza do continente na região andina, onde a fragmentação histórica enfraquecia a unidade continental. Certamente, a visão antiamericana que vem permeando a história da política externa do Brasil encontra suas origens em Travassos.

O bloco Colômbia/Panamá também é uma área de preocupação, já que essa estreita zona de instabilidade política estava quase completamente dissociada do restante da massa de terra da América do Sul. A zona do canal, sob forte interferência dos Estados Unidos, estava politicamente isolada da Venezuela, do Equador e das Guianas. Tal aspecto deixava claro qual era a porta de entrada dos americanos no subcontinente.

> O Canal do Panamá – uma verdadeira encruzilhada internacional – e o Mar do Caribe – uma incubadora da influência ianque – são um bom exemplo das pressões exercidas neste continente sul-americano. As linhas naturais de penetração, que representam os vales dos rios Madalena e Orinoco, dizem o resto.[20]

É possível notar que Mário Travassos tentou construir um modelo nacional de desenvolvimento dominando as rivalidades com os argentinos, bem como as ameaças da dominação/influência americana.

A projeção continental propriamente dita

Depois de falar sobre os aspectos continentais e ter uma visão geral do Brasil, Mário Travassos dedicou-se à análise da projeção continental do próprio país. Isso foi feito através de uma concatenação de ideias relacionadas à localização geográfica do Brasil.

O autor dividiu o país em quatro regiões, cujas definições repousam nas bacias hidrográficas dominantes do Brasil. Na Figura 9, é possível verificar o papel de ligação exercido pelas costas norte e sudeste do país entre a Amazônia e a bacia do Prata. Segundo o autor, era necessário fortalecer as redes longitudinais de transporte para complementar as navegações de cabotagem.

---

[20] TRAVASSOS, M. *Projeção continental do Brasil.* Sao Paulo: Companhia Editora Nacional, 1935. p. 71.

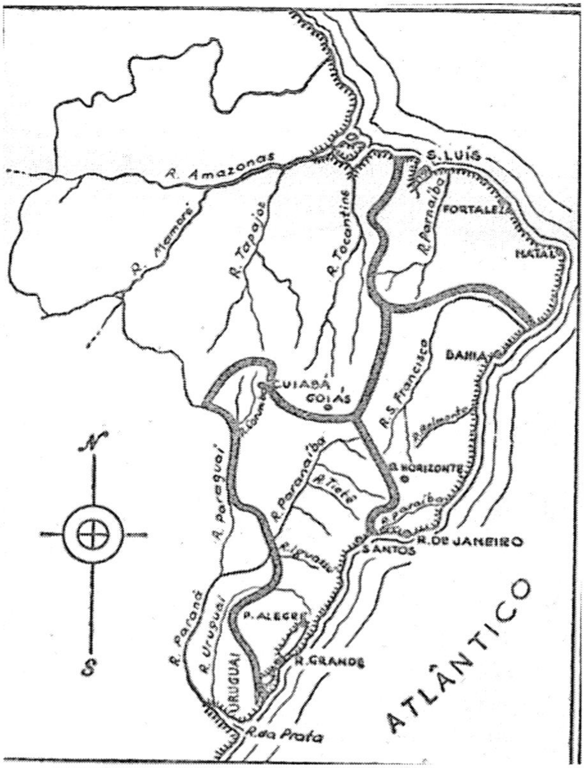

Figura 9 – Regiões naturais do Brasil
Fonte: Travassos (1935, p. 112)

Em virtude da importância que a Bolívia representava, o autor assinala a Região Oeste do Brasil como sendo de relevância pela sua proximidade com o "triângulo econômico". Essa "posição geográfica dominante" do Brasil estava negligenciada pelo governo, fato inadmissível para Travassos.

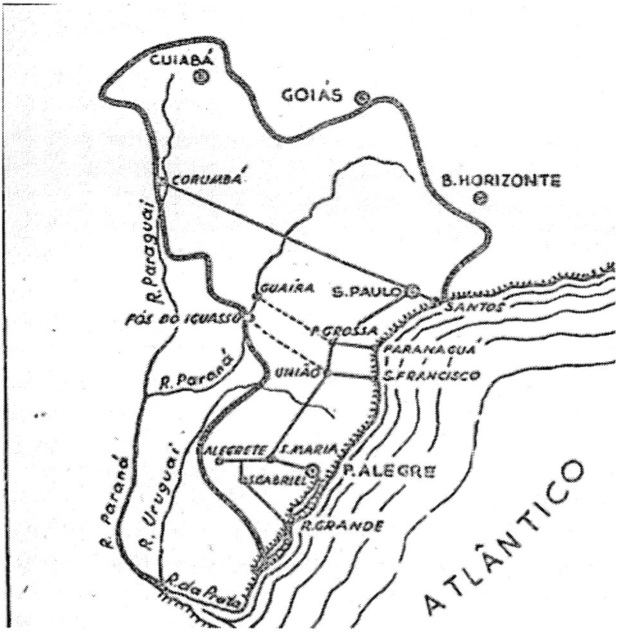

Figura 10 – Ligação com a Bolívia proposta por Travassos
Fonte: Travassos (1935, p. 122)

O autor segue analisando o setor de transportes terrestre no Brasil e como as vias navegáveis do país poderiam ser complementadas por terra – especialmente por vias ferroviárias – ou por ligações aéreas. Essa capacidade ociosa do espaço territorial brasileiro, de maneira natural, coloca as condições de uma "projeção continental".

Conclusão intermediária

Travassos adaptou a teoria do "heartland" de Mackinder ao contexto latino-americano ao designar a região pivô como sendo o triângulo formado por Santa Cruz de La Sierra, Cochabamba e Sucre. A potência controladora desta área poderia ser visualizada como a capaz de dominar o continente, desde

> que o estado em questão também tenha mercados marítimos, como é o caso do Brasil e da Argentina.[21]

O livro *Projeção continental do Brasil* é considerado uma obra-prima entre os trabalhos geopolíticos publicados em nosso país. Esse livro reforçou os fundamentos da geopolítica brasileira na primeira metade do século XX.

A estrutura analítica da obra baseia-se nos antagonismos geográficos que compartimentam a América do Sul: as relações inter-regionais são condicionadas pela oposição Pacífico *versus* Atlântico e pela competição entre a bacia do Prata e bacia do rio Amazonas, ambas orientadas para o Atlântico, mas com dinâmicas independentes.

Em resumo, o trabalho analítico do autor claramente conduziu a soluções e propostas objetivas. Isso caracteriza o pensamento de Travassos, que apresenta as principais orientações da política nacional que visam posicionar o Brasil como sendo realmente a potência da América do Sul.

De maneira didática, é possível destacar os seguintes temas aos quais se dedica o pensamento de Mário Travassos e que estão presentes, ao longo do tempo, na geopolítica do Brasil:

- A rivalidade entre **Brasil e Argentina** competindo por algum tipo de liderança na região.
- A **importância da Amazônia** como área capaz de diminuir a proeminência argentina e também **a influência dos Estados Unidos na América do Sul**.
- A importância do "**triângulo econômico**" da Bolívia como zona de transição entre as bacias do Amazonas, do Prata e a região dos Andes.

Em relação à Argentina, deve-se notar que tal rivalidade trata-se de um legado do passado colonial, quando Portugal e Espanha lutaram pela posse da bacia do Prata, como mencionado na introdução deste trabalho. Além disso, essa competição/antago-

[21] PROST, 2003, p. 83.

nismo só foi encerrada em 1985 por ocasião da Declaração de Foz de Iguaçu, marcando a construção de uma cooperação econômica antes do Mercado Comum do Sul (Mercosul), criado em 1991.

No que diz respeito à Amazônia, as reflexões de Travassos foram utilizadas praticamente por todos os autores posteriores que se dedicaram ao estudo da geopolítica brasileira. A preocupação com o desenvolvimento sustentável, questões ambientais, questões indígenas e a soberania na região são temas ainda hoje presentes no Brasil.

Quando o autor analisa o "triângulo econômico", é perceptível como pano de fundo a teoria do **poder terrestre de Mackinder**.[22] O "heartland" da América do Sul se encaixa perfeitamente na Bolívia. No entanto, não há referência direta a esta terminologia Everardo Beckheuser havia feito em relação às ideias de Ratzel.

A análise geopolítica de Mário Travassos foi utilizada no atual planejamento da infraestrutura rodoviária da América do Sul, no contexto da Iniciativa para a Integração da Infraestrutura Regional Sul-americana (IIRSA), que teve início em 2000. No eixo Brasil-Bolívia-Peru/Chile (também conhecido como Eixo Interoceânico de Capricórnio), a centralidade da cidade boliviana de Santa Cruz de La Sierra é claramente perceptível, pois funciona exatamente como conexão entre o Atlântico e o Pacífico.

[22] Nascido em 1861, o diplomata, professor, político e acadêmico inglês, Sir Halford John Mackinder, figura como um dos nomes basilares no campo da geopolítica. Sua análise, como a de Mahan, é geo-histórica por procurar uma explicação geográfica pela evolução da história e, ao mesmo tempo, futurista por prever as evoluções do sistema internacional e recomendar as medidas ideais que seu "patrão", a Inglaterra, deveria tomar para assegurar a sua sobrevivência posterior (CORREIA, 2010, p. 163-164).

Figura 11 – Eixo interoceânico de Capricórnio

Fonte: disponível em: http://riosvivos.org.br/a/Noticia/Eixo+Interoceanico+de+-Capricornio/6265

Ao se observar a Figura 11, fica evidenciado que se trata de uma sobreposição das Figuras 10 e 8 que haviam sido propostas por Travassos quando da elaboração de sua primorosa obra. O porto de Santos no Brasil está ligado à cidade de Corumbá, na fronteira da Bolívia, depois a Santa Cruz de la Sierra e ao "triângulo econômico"; finalmente, o acesso ao Pacífico é realizado por Arica ou por Iquique no Chile.

Tendo em vista a análise feita nesta seção, é possível concluir que Mário Travassos deve ser considerado um dos fundadores do pensamento geopolítico brasileiro, pois suas ideias foram verdadeiramente inovadoras e originais ao propor soluções para o desenvolvimento do país.

CAPÍTULO 2

CONSTRUINDO UMA ESCOLA

Depois dos fundadores, a produção escrita geopolítica do Brasil continuou rumo à construção de uma verdadeira escola nacional. Imersa em um mundo em plena Guerra Fria, a disputa contribuiu para o surgimento da Escola Superior de Guerra (ESG), no Rio de Janeiro, onde o tema de um Brasil cujo poder não deveria se limitar à América do Sul ganhou força. O tema de um Brasil como verdadeiro "ator global" foi exaustivamente trabalhado.

No período de governos militares (1964-1985), os projetos colocados em prática pelos presidentes foram em grande parte baseados no pensamento dos autores que serão analisados neste capítulo. Aliás, há que se destacar o fato de o general Golbery do Couto e Silva ter desempenhado papel importante na política brasileira, a ponto de alguns autores o considerarem o verdadeiro mentor desse período.

Nessa mesma direção, destacamos que os outros dois autores analisados, Meira Mattos e Therezinha de Castro, também concentraram seus pensamentos em um Brasil do futuro. Discutiram temas como a integração internacional do país frente aos antagonismos globais, a fim de indicar o caminho a seguir para a construção de um poder soberano.

Golbery do Couto e Silva (1911-1987)

Nascido no Rio Grande em 1911, este importante autor entrou na carreira militar em 1927 para se tornar um oficial em 1930. Golbery passou por várias instituições militares, incluindo agências governamentais e várias universidades. Golbery mais tarde se tornou parte integrante dos governos civil-militares pós-1964. Ele morreu em 1987, depois de terminar sua carreira política seis anos antes.[23]

Integrou a Força Expedicionária Brasileira em 1944, na qual atuou como oficial de inteligência. Em 1946, recentemente promovido a major, foi transferido para o recém-criado Estado-Maior Geral, atual Estado-Maior conjunto orgânico do Ministério da Defesa. Promovido a tenente-coronel em 1951, foi transferido para a Escola Superior de Guerra (ESG), onde começou a desenvolver um conjunto de teses sobre o planejamento geopolítico e estratégico. Em fevereiro de 1961, foi nomeado chefe de gabinete da Secretaria--Geral do Conselho de Segurança Nacional, tornando-se elemento de confiança do então presidente Jânio Quadros. Em 1964, após a revolução democrática, já na reserva, foi nomeado chefe do Serviço Nacional de Informações (SNI), sendo o responsável pela supervisão e coordenação das atividades de inteligência.

Em 1967, quando o general Costa e Silva era presidente da República, o general Golbery tornou-se ministro da Justiça. Com a eleição do general Geisel para a presidência da República em 1974, Golbery tornou-se chefe do gabinete civil do presidente.

A principal preocupação de Golbery era o ambiente conflituoso do século XX devido à Guerra Fria entre o "comunismo oriental" e os Estados democráticos do ocidente, entre os quais o Brasil se inseria. Com realismo pragmático, Golbery enfatizou a necessidade de planejamento estratégico nacional para atingir os objetivos nacionais permanentes do Estado e para preservar a soberania do país como uma potência ocidental democrática, cristã e global.

Nesse caminho, ele buscou se apoiar nos fundamentos da geopolítica como ferramenta de planejamento, acima de tudo, para analisar a posição do Brasil no mundo.[24]

---

[23] Ver FREITAS, 2004.

[24] WHITAKER, 2016.

Golbery do Couto e Silva escreveu seus principais textos durante a década de 1950, que foram coletados e publicados duas vezes: em 1967, sob o título *Geopolítica do Brasil* e, em 1981, como *Conjuntura do poder executivo e geopolítica do Brasil.*

Geopolítica do Brasil

A obra publicada em 1967 consiste em três partes principais que incluem vários capítulos escritos em diferentes momentos da vida do autor. É, portanto, um conjunto de ideias construídas durante sua carreira militar. Golbery apresenta seu livro com o orgulho de ter concebido uma teoria geopolítica verdadeiramente nacional, capaz de defender os interesses do país.

> Os capítulos que se seguem são compostos por palestras e ensaios escritos e produzidos em vários anos na década de 50. Apresentam, em termos concretos, a evolução do pensamento geopolítico baseado em raízes profundamente nacionalistas a partir da realidade brasileira.[25]

O autor faz clara referência às ideias de Thomas Hobbes. A base de partida de Golbery é a visão realista de um mundo em constante anarquia, na qual os Estados-nação procuram obter benefícios para o que consideram vital. Assim, ele evoca a metáfora do *Leviatã*, usada por Hobbes, para enfatizar a essência dos homens que tendem a agir sobre os outros para alcançar seus objetivos.

Nesse contexto, Golbery destaca as funções dos Estados como representantes de seus cidadãos:

> O Estado soberano emergiu de profundas fontes de medo para garantir a **segurança individual e coletiva** na Terra e afirmará sua vontade onipotente sobre os destinos de todos os sujeitos que a criaram única e autônoma.[26]

[25] SILVA, G. do C. e. *Geopolítica del Brasil.* Tradução: R. Schilling. México: El Cid, 1978. p. 10.

[26] SILVA, 1978, p. 12, grifos nossos.

Essa é a razão pela qual as guerras estão presentes ao longo do tempo. Para Golbery, essa característica não poderia ser relegada a segundo plano ao formular uma visão geopolítica do Brasil. Seria necessário pensar na guerra que, em algum momento, poderia ser considerada legítima na busca de um objetivo nacional. Se os políticos se esquecerem disso, a nação poderia estar em perigo.

É importante lembrar a definição do objetivo nacional utilizado pelo autor no decorrer de seu trabalho:

> [...] um núcleo de aspirações e interesses, mais ou menos definidos. Entre esses objetivos, é óbvio que o mais importante diz respeito à persistência de todo o grupo social, do Estado e da Nação como tal. Ou seja, sua sobrevivência no espaço e no tempo, sua autonomia em relação aos outros. Incluindo o seu desenvolvimento, porque para um povo, **a estagnação significa a morte**.[27]

É a noção de Segurança Nacional (SN) que começa a se formar na obra de Golbery. Para ele, o governo deveria ser capaz de alcançar objetivos nacionais em várias áreas, devendo possuir poder suficiente para alcançá-los. O conceito de SN, no sentido amplo da palavra, penetrou em todo o campo da política de Estado, condicionando, promovendo ou determinando o planejamento, seja econômico, social ou político. Ele também esteve presente no centro das atividades militares em tempos de guerra e, igualmente, em tempos de paz.[28]

O autor conclui a apresentação de seu livro dizendo que os dilemas decisivos de "segurança ou bem-estar" e "segurança ou liberdade" sempre estiveram presentes nas nações. Mas Golbery aponta que esses fatores são realmente relacionados e interdependentes. Além disso, Golbery dá sua visão de soldado em relação a essa aparente contradição.

> Tenhamos a certeza de que defender a liberdade é também estabelecer a segurança nacional sobre bases sólidas. Caso contrário, a vida de um soldado nos

[27] SILVA, 1978, p. 18, grifos nossos.

[28] SILVA, 1978, p. 26.

> Estados modernos seria miserável, mais miserável do que os antigos mercenários que protegiam os impérios e defendiam a luxúria, a libertinagem, o crime e os tribunais corruptos.[29]

Retomando a discussão sobre Segurança Nacional (SN), o autor define o caminho para alcançar as metas nacionais. Para ele, existe uma grande estratégia à qual as demais se subordinam (política, econômica, psicossocial e militar), como vemos na Figura 12:

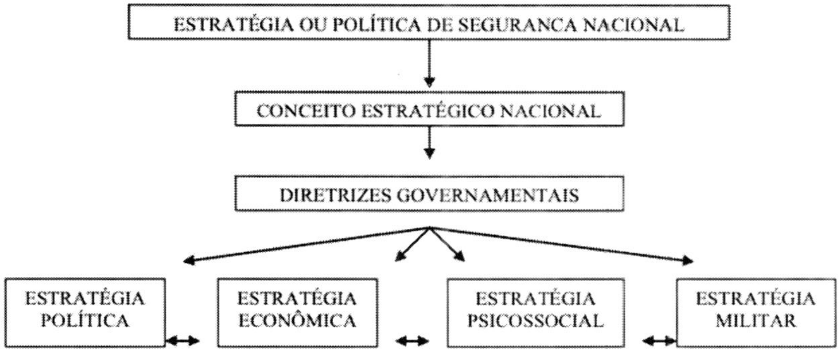

Figura 12 – Articulação da Segurança Nacional
Fonte: Silva (1978, p. 29)

Golbery, em seguida, aborda o posicionamento correto da geopolítica no contexto da segurança nacional. Para isso, ele faz uma revisão da literatura existente nas escolas alemãs, anglo-saxônicas e francesas. Por fim, adota o conceito de que geopolítica é, na verdade, sinônimo de **geoestratégia, porque serve para facilitar a consecução de objetivos nacionais permanentes**.

Golbery propõe objetivos nacionais permanentes que, segundo ele, surgem naturalmente ao se examinar a história do Brasil, especialmente ao se considerar as mudanças na estrutura da sociedade.

[29] SILVA, 1978, p. 21.

Tais objetivos devem ser perseguidos porque são um legado da própria nação brasileira. São eles:

> – A salvaguarda intransigente da nossa **independência política**, mesmo que, por vez, seja autolimitada (mas nunca em detrimento da **soberania nacional**) em benefício da cooperação internacional e da paz;
>
> – A manutenção de um **modo de vida democrático**, baseado, cada vez mais, na ampla participação efetiva e consciente do povo;
>
> – A **garantia de liberdades regionais** (pacto federativo) e de autonomia local (municipalismo);
>
> – A consolidação da **unidade nacional** através de uma crescente integração social baseada nos princípios da **justiça social e da moralidade cristã**;
>
> – A **efetiva integração de todo o território nacional**, humanizando e valorizando os grandes espaços ainda vazios;
>
> – O **fortalecimento econômico**, a fim de garantir altos níveis de bem-estar e cultura para todos e em todas as regiões do país;
>
> – A **manutenção do status quo territorial na América do Sul**, contra qualquer tendência revisionista ou formação de blocos regionais, políticos ou simplesmente econômicos que possam constituir uma ameaça à paz do continente;
>
> – O **fortalecimento da solidariedade e cooperação entre os povos** das Américas para o **progresso geral e a defesa continental**;
>
> – O **fortalecimento do prestígio nacional na esfera externa**, baseado no princípio da igualdade entre os Estados e na crescente projeção do país no exterior, levando em conta a efetiva **proteção de seus próprios interesses e a paz internacional.**[30]

Dotado de uma visão geopolítica claramente autocentrada, como mostrado na Figura 13, Golbery analisa o posicionamento

[30] SILVA, 1978, p. 33, grifos nossos.

do Brasil no cenário internacional, como já ressaltado. O autor estabelece um eixo América-Antártida-Austrália capaz de dividir o mundo em duas partes: a primeira constituída pelos arquipélagos do Pacífico; a segunda é uma extensão da própria Europa, onde o oceano Atlântico se torna um Mediterrâneo em grande escala.

A essa representação, Golbery acrescenta a visão de espaços desabitados em função do relevo e caminha no sentido de uma definição de círculos prioritários para um Brasil que busca afirmar-se como potência mundial.

Figura 13 – Círculos prioritários para o Brasil
Fonte: Silva (1978, p. 83)

Um primeiro semicírculo interno circunda o Brasil, em um raio médio de cerca de 10.000 quilômetros, integrado pela América do Norte, a África e a Antártida. Em toda essa grande área, as três massas circunvizinhas possuem graus diferentes de ocupação efetiva pelo homem, e de potencial econômico e político. O maior índice observado encontra-se a noroeste, o nível intermediário, a leste, e a sul tem-se uma região não ocupada.[31]

Golbery considera esse primeiro circulo uma área de não ameaça para o Brasil a curto ou médio prazo, porque os Estados que ali estão já são desenvolvidos, como os Estados Unidos e o Canadá, ou estão engajados em seu próprio desenvolvimento de natureza pacífica. Alias, para o autor, os Estados Unidos não adotavam uma postura manifestadamente ameaçadora em relação ao continente. Mais do que nunca, o posicionamento dos americanos era muito mais de aproximação do que de distanciamento. Uma oportunidade, na visão do autor!

Seguindo o mesmo raciocínio, o segundo círculo era visto como uma zona de conforto, tendo em vista ser constituído por países que não tinham capacidade real de ameaçar o bloco americano. Seria uma região na qual o Brasil deveria reforçar suas relações externas para aproveitar novas oportunidades.

Por outro lado, o autor demonstrava preocupação com a última região, pois ali se localizavam as ameaças mais perigosas ao mundo sul-americano, capazes de, a qualquer momento, escalar uma crise, direta ou indiretamente, com o Brasil. O eixo Moscou-Pequim se apresentava como um risco potencial na época,[32] o que reforçava a ideia de um continente desenvolvido e unido contra o comunismo.

Depois dessa visão do mundo, Golbery realiza um sobrevoo na América do Sul destacando os aspectos geográficos canalizadores de uma possível integração. Ele identificou o que ele denominava "compartimentação geopolítica" do continente, como pode ser visto no mapa da Figura 14:

---

[31] SILVA, 1978, p. 81.

[32] SILVA, 1978, p. 84.

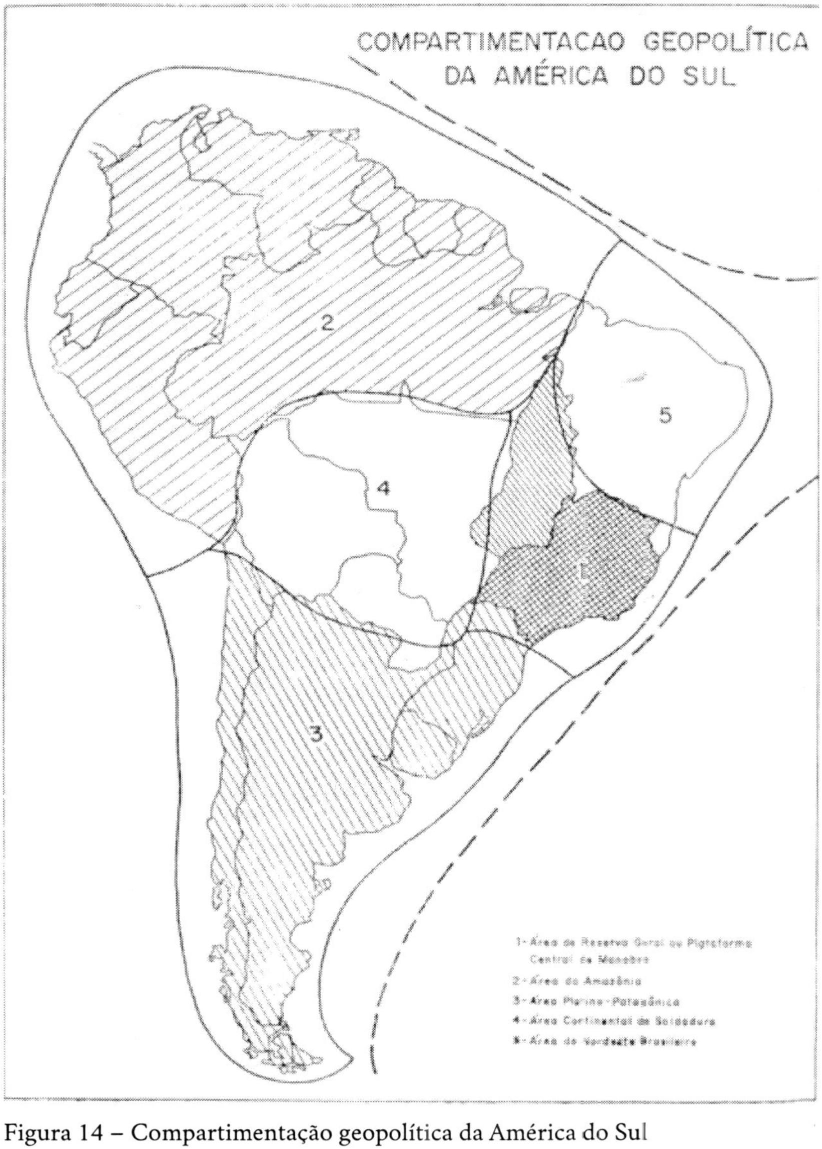

Figura 14 – Compartimentação geopolítica da América do Sul
Fonte: Silva (1978, p. 90)

O subcontinente é dividido nas seguintes regiões/compartimentações: **Amazônia** (Norte do Brasil, Peru, Equador, Colômbia, Venezuela e as três Guianas); **Patagônia-Prata** (Chile, Argentina, Uruguai e Região Sul do Brasil); **duas regiões costeiras atlânticas** que fazem a ligação comercial entre o Norte e o Sul do continente; e, finalmente, a **porção central** (Paraguai, Bolívia e Oeste do Brasil).

Seguindo raciocínios diferentes, Travassos e Golbery são unânimes em enfatizar a importância do centro do continente. É uma clara ampliação do "triângulo econômico" de Travassos para o Paraguai e o oeste do Brasil.

Com relação à análise da configuração territorial brasileira propriamente dita e sob um foco de defesa nacional, as conclusões do autor foram as seguintes:[33]

- Existia um núcleo central que era essencial, suscetível ao que ocorreria nas outras áreas externas e cuja segurança era absolutamente imprescindível para toda a estrutura do sistema. Nessa região localizava o "heartland" do Brasil.
- No Nordeste, havia uma zona de máxima vulnerabilidade a ações extracontinentais, por exemplo, no caso de um possível terceiro conflito mundial. Nessa suposição, o autor exemplificava a possibilidade da África Ocidental como ponte de apoio para um ataque ao Brasil.
- No Sul estendendo-se até o Mato Grosso, existia uma zona de máxima vulnerabilidade a possíveis ações regionais adversas, com potencial de nos fazer perder a plenitude de nossos meios.
- Finalmente, a Leste, com o Atlântico Sul, essencial para nossa sobrevivência e segurança, o perigo era caracterizado pela possibilidade de se cortar nossas comunicações costeiras ou nossas ligações marítimas com o resto do mundo.

[33] SILVA, 1978, p. 62.

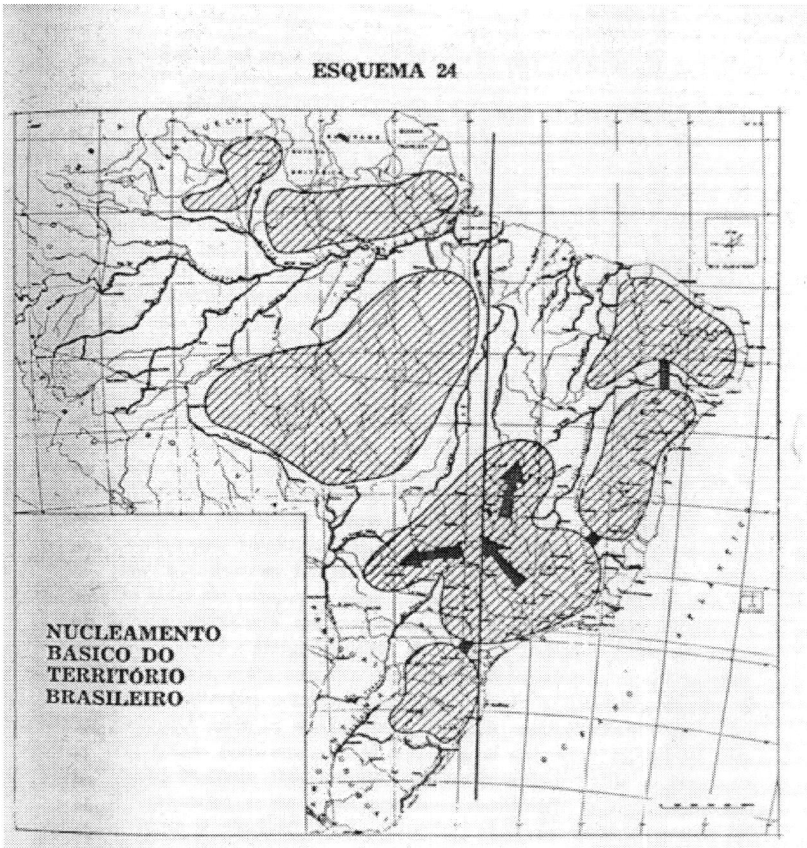

Figura 15 – Articulação do território brasileiro segundo Golbery
Fonte: Silva (1978, p. 105)

Aqui, vale a pena notar a evidente influência da teoria de Mackinder sobre o pensamento de Golbery, quando ele se apropria do termo "heartland" para nomear o que considerava ser a região mais importante do Brasil. Apesar da concordância com Travassos em relação ao "triângulo econômico" da América do Sul, o "heartland" representaria a porção mais desenvolvida do país – São Paulo, Brasília e Belo Horizonte – e que possuía a capacidade de influenciar todo o continente.

Por outro lado, o autor não destacava a existência de qualquer ameaça ou disputa pelo controle dessa parcela do território brasileiro. Para uma defesa bem assegurada do país, seria suficiente apenas reforçar a presença do Estado nas fronteiras porosas, presença que na época da obra era precária em relação ao que se observa hoje. Além disso, era primordial para o Brasil saber posicionar-se em um mundo bipolarizado pela Guerra Fria.

Para Golbery, a inserção brasileira no sistema internacional ainda era o grande desafio. Fazia-se necessário evitar o alinhamento automático com os Estados Unidos, na medida em que, em uma visão nacionalista, o próprio Brasil deveria buscar uma posição de relevância aproveitando-se de seu passado histórico, em uma clara referência à política externa Sul-Sul.

Recomendava, portanto, uma aproximação com as antigas colônias portuguesas devido ao passado comum e à proximidade linguística. Para ele, havia alguns desses países que poderiam trazer benefícios para o Brasil em função de suas posições geográficas, por exemplo: Cabo Verde – localizada perto da Europa; Angola – uma porta de entrada para a África; e Moçambique – verdadeiro ponto de apoio para a aproximação do Brasil no oceano Índico.

Ampliando essa linha de raciocínio ligada ao passado comum de dominação colonial, o "mundo latino" em torno do Brasil também representaria uma oportunidade. A Figura 16 nos mostra essa abordagem:

Figura 16 – O entorno estratégico de oportunidades

Fonte: Silva (1978, p. 199)

Além disso, a aproximação com o mundo católico, particularmente com países que ainda não estavam desenvolvidos, poderia ser uma vantagem, na medida em que compartilhávamos os mesmos valores. Golbery usou a palavra "solidariedade" como uma ideia de aproximação, capaz de inspirar os negócios estrangeiros.

A Doutrina de Segurança Nacional (DSN)

Embora essa doutrina tenha sido desenvolvida pela Escola Superior de Guerra (ESG) no Rio de Janeiro nos anos 1950, deve-se destacar que Golbery foi o responsável direto pela sua concepção. Por esse motivo, é necessário identificar nessa doutrina alguns pontos oriundos do pensamento do autor.

Neste ponto é interessante que nos lembremos da Figura 12, construída por Golbery para explicar a organização da defesa nacional e que, nesta oportunidade, serve de base para o estudo das estratégias a serem utilizadas nesse contexto.

Inicialmente, há a **estratégia ou política de segurança nacional**, à qual se subordinam o **conceito estratégico nacional** e as **diretrizes governamentais**. A partir dessas diretrizes, são construídas as **estratégias políticas, econômicas, psicossociais e militares** que abordam os problemas descritos na Tabela 1:

Tabela 1 – Estratégias por campos do poder

Estratégia	Finalidade e fatores a considerar para a análise de conjuntura
Política	**Criar e reforçar os elos de coesão interna e cooperação externa, a fim de alcançar e salvaguardar os objetivos nacionais, procurando simultaneamente dissociar e enfraquecer os reflexos dos antagonismos externos e internos.** Fatores políticos internos: cultura política do povo, organização administrativa, estrutura política, dinâmica partidária, grupos de pressão etc. Fatores políticos externos: antagonismo e fricção, cooperação internacional, acordos e tratados, alianças e contra-alianças, organizações supranacionais etc.

Estratégia	Finalidade e fatores a considerar para a análise de conjuntura
Econômica	**Fortalecer a estrutura econômica nacional e suas receitas, garantindo sua complementação por recursos externos, procurando enfraquecer o sistema econômico dos países antagônicos.** Fatores econômicos internos: recursos naturais, trabalho, finanças, equipamentos de produção e circulação, estrutura econômica etc. Fatores econômicos externos: interdependência e rivalidades econômicas, circulação econômica internacional, potencial econômico de grupos antagônicos, organizações supranacionais e suas atividades etc.
Psicossocial	**Fortalecer a moral da nação e de seus aliados, rompendo a dos considerados antagonistas.** Fatores psicossociais internos: dados demográficos (tamanho e composição da população, distribuição espacial etc.), educação, cultura e formação técnica, estrutura social e dinâmica, mentalidade nacional, moral das pessoas, ideologias e opinião pública etc. Fatores psicossociais externos: ideologias conflitantes, caracterização psicológica e social de grupos antagônicos, potencial demográfico de outras nações etc.
Militar	**Fortalecer a estrutura militar da nação e empregar suas Forças Armadas contra os considerados antagonistas, opondo-se às Forças Armadas destes e derrotá-las, se necessário.** Fatores militares internos: estrutura militar, potencial militar, desdobramento territorial de forças etc. Fatores militares externos: potencial militar de grupos antagônicos etc.

Fonte: o autor

Para Golbery, essas estratégias eram os motores da segurança e deveriam ser estudadas de forma permanente, a fim de atualizar as políticas públicas que delas derivam. O *core* da Doutrina de Segurança Nacional que serviu de base para a política do governo militar repousa na consideração dos fatores mencionados.

Conjuntura do poder executivo e geopolítica do Brasil

No artigo "Conjuntura política nacional – o poder executivo", publicado na década de 1980 no âmbito da Escola Superior de Guerra (ESG), Golbery do Couto e Silva analisou a situação política da época, especialmente no que diz respeito ao poder executivo. Descrevendo a evolução histórica desse importante componente do governo brasileiro, o autor se propôs a indicar as medidas necessárias para o desenvolvimento nacional.

No início de seu trabalho, ele apresenta sua "**teoria das sístoles e diástoles na vida dos estados**". O autor utiliza a metáfora dos movimentos de distensão e contração do coração para se referir ao binômio "**poder – autonomia**" concedido aos estados da federação através da história brasileira, por vezes interrompida por período de maior centralização do governo central do país.

> O Brasil, desde a proclamação da República, é uma nação federativa na qual a autonomia dos Estados é respeitada e cultivada, à medida que os benefícios do municipalismo criativo são proclamados e reconhecidos. Não seria possível, contudo, exaurir, nessa fórmula necessariamente abstrata e genérica, o dilema onipresente entre a centralização administrativa e a descentralização.[34]

Reproduzindo as palavras anteriores do presidente Ernesto Geisel durante a reunião com os governadores em 1975, o autor indica seu raciocínio. Sua retrospectiva, iniciada na era colonial, apresenta os seguintes aspectos:

- Após um período de centralização, com os governadores-gerais vistos como representantes da Coroa portuguesa, observou-se a proliferação de províncias, herdeiras das "capitanias hereditárias", que mais tarde originaram os estados da federação. O autor nos lembra de que a descentralização administrativa foi em alguns momentos utilizada pelos portugueses a fim de incentivar a nobreza a vir ao Brasil.

[34] SILVA, G. do C. e. Conjuntura política nacional – o poder executivo. *Revista da Escola Superior de Guerra*, Rio de Janeiro, v. 12, p. 113, 1989.

- Houve uma exacerbação do regionalismo que dificultava a execução dos planos estratégicos do governo central. Esse é o dilema de reconciliar o princípio da unidade do governo sem "desagregar o regionalismo".
- Na época da independência do Brasil, em 1822, um esforço inicial de centralização rapidamente deu lugar a regionalismos para apaziguar as demandas locais e evitar a fragmentação. O autor lembra o período das lutas internas, cujas demandas passaram necessariamente por uma autonomia local maior.
- Após a proclamação da República em 1889, houve um enfraquecimento do poder dos municípios em favor de um fortalecimento do poder dos estados da federação. No entanto, a influência econômica de Minas Gerais, maior produtor de leite, e São Paulo, maior produtor de café, enfraqueceu os demais estados da federação.
- O governo central, enfraquecido pelo sistema político vigente na época, não conseguiu impedir a revolta da Região Sul que levou ao golpe de Getúlio Vargas em 1930. No entanto, mesmo paradoxalmente, a Nova República, em vez de aplicar um princípio de igualdade entre os estados da federação, iniciou uma grande centralização política que durou até 1945.
- Já em 1946, uma nova constituição foi proclamada com base na igualdade dos estados da federação, bem como na força do município. Foi um período de descentralização que perdurou até a revolução democrática de 1964.
- A revolução democrática teve de retomar o princípio da centralização política. Não era esperado que a presença dos militares no poder durasse 21 anos, mas por causa do rompimento da ordem pública e do surgimento do fenômeno da guerrilha comunista, o sistema foi prorrogado.

Nesse momento, o autor retoma as ideias do presidente Geisel, que ressaltam a importância de um poder central imparcial e capaz de desenvolver o país de maneira global, sem privilegiar os regionalismos. Nesse contexto, as inovações tecnológicas da comunicação e a construção da malha viária foram valorizadas graças à mudança estrutural do Brasil, passando de um modelo de arquipélago de regiões para um país verdadeiramente integrado. Sem um governo central mais forte, essas medidas de circulação seriam extremamente difíceis de implementar, diz Golbery do Couto e Silva.

> Nós sabemos, graças a Deus e à flexibilidade que ele deu ao nosso povo, nos adaptarmos com facilidade, desde os tempos coloniais e por todo o Império e a Primeira República, a esta constante oscilação entre centralização e descentralização que caracteriza tão bem a evolução do povo brasileiro.[35]

Na época em que esse artigo de Golbery foi escrito, iniciava--se o período de abertura do regime militar, o que levou à eleição por sufrágio indireto, em 1985, de Tancredo Neves. Obviamente, um novo período de descentralização estava se aproximando. *"Essa sucessão parece ser interminável, a fase de descentralização aparece como uma característica sempre presente na evolução, não só no Brasil, mas em todos os estados modernos."*[36]

Nesse sentido, o autor faz uma reflexão sobre a dialética filosófica encontrada no centro dessa alternância representativa na época. O objetivo era estabelecer filosoficamente as recomendações para o período conhecido como abertura, que culminou com a retomada do poder pelos civis em 1985.

As ideias de Golbery, indicando a necessidade de descentralização, podem ser assim resumidas: um sistema de governo descentralizado que pode conduzir a uma responsabilidade maior e à capacidade de iniciativa por parte dos estados da federação e para os municípios, acompanhadas de maior incentivo às atividades da comunidade local.

Conclusão intermediária

> Golbery do Couto e Silva, a exemplo de Travassos que distinguia várias "ilhas" brasileiras, distingue em seu mapa geopolítico do Brasil quatro "penínsulas" articuladas a partir de um núcleo central. Golbery

[35] SILVA, 1989, p. 116.

[36] SILVA, 1989, p. 120, grifos nossos.

> propõe "inundar a civilização da Hileia Amazônica" da base avançada do Centro-Oeste.[37]

Golbery do Couto e Silva muito desenvolveu o pensamento geopolítico brasileiro. Sua obra consiste em vários artigos que foram reunidos para impulsionar a lógica de suas ideias. De forma clara e didática, ele é notável por sua visão egocêntrica do Brasil, país no qual acredita poder prever um grande futuro.

Em suma, a Escola Geopolítica Brasileira experimentou um modelo verdadeiramente brasileiro do mundo em meio à Guerra Fria. Claramente, as teorias de Couto e Silva foram inovadoras entregando riqueza de detalhes que permitem a identificação de uma Escola Geopolítica Brasileira verdadeiramente autônoma.

A teoria dos círculos prioritários do Brasil, com suas representações cartográficas, estabeleceu uma visão de inserção internacional que o país deveria seguir. É fácil encontrar aí a preocupação com a temática da segurança diante da ameaça comunista que, segundo ele, localizava-se no terceiro círculo. A partir dessa representação deriva a lógica da integração nacional, que privilegia a conexão com o primeiro círculo e, em um segundo momento, com o círculo intermediário.

Nesse sentido, o autor destaca dois fatores segundo os quais o Brasil apresentava vantagem para estabelecer uma relação mais forte com os dois círculos prioritários. Primeiro, o passado colonial português na África que, acima de tudo, permitiria a formação de uma comunidade sob a liderança do Brasil. Em seguida, os valores do catolicismo que serviriam para facilitar a construção de relações consistentes para um Brasil com papel de protagonista nacional.

É indiscutível que os aspectos mencionados foram em grande parte aplicados pelos responsáveis por nossa política externa que, desde a década de 1960, ampliou a aproximação com os países de língua portuguesa até a criação da Comunidade dos Países de Língua Portuguesa (CPLP) em 1996. Ademais, a teoria dos círculos prioritários embasou as construções de alguns mecanismos de coo-

[37] PROST, 2003, p. 84.

peração regional, tais como o Mercado Comum do Sul (Mercosul) ou o Tratado de Cooperação Amazônica, na América do Sul; e a Zona de Paz e Cooperação do Atlântico Sul (Zopacas), parceria com países africanos.

Além disso, o autor reutiliza a definição de "heartland" de Mackinder para enfatizar a importância da porção central da América do Sul, a fim de que o país pudesse exercer seu poder de influência em todo o continente. Cabe ressaltar que, apesar da apropriação da terminologia inglesa, Golbery apenas expandiu o "triângulo econômico" definido por Mário Travassos.

Devido à sua preocupação com o planejamento estratégico do Brasil, o autor definiu os Objetivos Nacionais Permanentes que permitiriam a direção do governo ao longo do tempo. A partir daqui que a Doutrina da Segurança Nacional foi produzida, dentro da Escola Superior de Guerra (ESG), para a qual Golbery desempenhou um papel fundamental.

Dada a análise desta seção, é possível concluir que o Golbery do Couto e Silva merece ser considerado um ponto de passagem entre um período anterior, mais direcionado às reflexões internas do Brasil, e o surgimento de uma nova corrente que se propõe a progredir em direção a uma visão de mundo genuinamente brasileira.

Carlos de Meira Mattos (1913-2007)

Nascido na cidade de São Carlos (SP) em 1913, Carlos de Meira Mattos ainda jovem se formou na Escola Militar Realengo, predecessora da Academia Militar das Agulhas Negras. Ao longo de bem-sucedida carreira, destaca-se sua participação na Força Expedicionária Brasileira (FEB) na Itália. Dentre os diversos temas que o general Meira Mattos abordou, encontram-se a formação histórica do Brasil e a evolução do seu pensamento geopolítico, além da forte convicção de que o país deveria construir uma capacidade nuclear brasileira. Meira Mattos concentrou-se em mostrar como o Brasil enfrentou seu desafio geo-histórico, interpretado sob a ótica de Arnold Toynbee: ***"as nações progrediram na superação dos desafios impostos por suas condicionantes físicas e ambientais, ou falharam porque eles não foram capazes de vencer seus desafios"***.[38]

Seus trabalhos mais representativos foram: *Interpretação geopolítica do Brasil*, em 1958; *Brasil: geopolítica e destino*, em 1975; *A geopolítica e as projeções do poder*, em 1977; *Uma geopolítica pan-amazônica*, em 1980; e *Geopolítica e trópicos*, em 1984.

Interpretação geopolítica do Brasil

"A geopolítica é controversa" foram as palavras com que o general Meira Mattos iniciou seu artigo, as quais acrescentou reflexões sobre escolas geopolíticas alemãs (deterministas) e francesas (possibilista). Essa aparente oposição, na visão do autor, traduzia-se em oportunidade e necessidade de se edificar uma abordagem genuinamente brasileira, uma vez que era evidente que os teóricos estrangeiros estavam todos em busca de soluções adequadas às suas próprias nações.

Como mencionado, o autor se apropria da teoria dos "**desafios e respostas**", de Arnold Toynbee, que não é nem determinista nem possibilista para chegar a inúmeras concepções de geopolítica. Para iniciar o seu pensamento, Meira Mattos escolheu a definição de Ratzel de "***espaço é poder***", que ele considera a mais sintética e a qual, após uma profunda reflexão, acrescenta: "***geopolítica é o destino***".

Segundo o autor, o fator "terra" sempre influenciou o destino do homem, dos países, dos povos e dos estados. A forma, a extensão, a posição, a altitude, o clima e a cobertura vegetal são os principais fatores geográficos que determinam o destino. Essa conjugação de aspectos foi assim sintetizada: o "desafio do meio ambiente".

[38] WHITAKER, 2016, s/p, grifos nossos.

Da análise da interação entre o homem e o ambiente, o autor chega a algumas conclusões que podem ser resumidas seguinte forma: *"**a facilidade é o inimigo da civilização, e a coragem do homem aumenta à medida que as dificuldades aumentam**"*[39].

Mattos destaca os efeitos do ambiente físico e do ambiente humano na resposta de uma comunidade. Por exemplo, regiões com solos difíceis e outras dificuldades estruturais são capazes de encorajar os homens a superar esses obstáculos. Para Meira Mattos, todas as teorias e doutrinas da geopolítica levam a um único "desafio e resposta": ou homem responde aos desafios e os supera, ou, ao contrário, não responde a eles e é derrotado.

No que diz respeito ao pensamento geopolítico brasileiro, o entusiasmo do general Meira Mattos é evidente quando ele faz uma retrospectiva do tema. Ele nos lembra dos responsáveis pela configuração atual do território brasileiro, que o fizeram muito antes de a disciplina ter sido formatada, e prossegue em direção aos grandes autores discutidos nas seções anteriores. Rende uma homenagem que ele considera justa à Escola Superior de Guerra, a qual comentamos durante o estudo de Golbery do Couto e Silva.

"O Brasil tem como destino o poder"[40]. Para ele, várias características de uma verdadeira potência já existiam no Brasil. **Sua dimensão geográfica**, que lhe confere uma grande variedade de recursos; **sua população**, que representa uma enorme força de trabalho; **a capacidade tecnológica** presente na época; e **sua coesão interna** eram fatores que justificavam o otimismo do autor. Deve-se notar que o próprio Mattos nos diz que ele seguiu a lógica de Spykman[41] e Morgenthau para chegar a essa conclusão.

---

[39] MATTOS M. *Interpretaçao Geopolítica do Brasil*, Revista *A Defesa Nacional*,1958, s/p.

[40] MATTOS, 1958.

[41] Nascido em Amsterdã em 1893, o acadêmico holandês-americano Nicholas John Spykman era professor de Política e Sociologia, por fim culminando com a diretoria do departamento de Relações Internacionais da Universidade de Yale. Seu conceito de geopolítica não somente tratou o tema como um objeto de estudo, mas também como ferramenta para o planejamento da segurança estatal, e suas elaborações nesse viés influenciariam fortemente administradores públicos estadunidenses (CORREIA, 2010, p. 179).

De acordo com Louis,[42] Spykman indica que para ser uma nação forte é necessário considerar dois fatores de desempenho: o tamanho (*big is powerful*) e a localização (estados interiores, estados insulares, com fronteiras terrestres e marítimas). Morgenthau, um teórico alemão das relações internacionais, por sua vez, explica que o poder "é a influência de um ator no espírito e nas ações dos outros". Ou seja, ele acrescenta a noção de desejo, de projeto de poder que uma nação deve possuir.[43]

Continuando a análise dos fatores que contribuem para a potencialidade nacional, o autor procura mostrar um aspecto importante do Brasil. Mattos acredita que nossa posição continental nos insere nas estratégias de dois grandes domínios: o continente americano e o oceano Atlântico sul.

Mais ainda, o Brasil, devido ao seu perfil territorial que se projeta para a imensa massa afro-euro-asiática, pode ser considerado o dono do espaço "**necessário e vital**" para a segurança do ocidente; pode salvaguardar a defesa do continente americano e a garantia da segurança do Atlântico.

Nesse ponto de sua argumentação, o general Meira Mattos projeta comportamento estratégico do futuro Brasil, atribuindo-lhe uma concepção dinâmica de segurança na América, cujas fronteiras não estão no nosso continente, mas em outro. O autor acredita que a África seja a linha de cobertura longe da costa brasileira.

Após estudar alguns países de médio potencial, o Brasil e a China são aparentemente os dois países com melhor desempenho em termos de recursos minerais, população, território, indústria, tecnologia e coesão interna. Eles, portanto, têm mais perspectivas para o futuro, de acordo com o autor. Por outro lado, as possibilidades do Brasil, previamente estudadas, dependerão em grande parte da capacidade de atuar política, econômica e socialmente. Também

---

[42] LOUIS, 2016.

[43] THIJSMAN, C. Observatoire en géostrategie de Lyon. 22 dez. 2014. Disponível em: http://www.geolinks.fr/dictionnaire-de-geopolitique/les-facteurs-de-puissance-2/. Acesso em: 16 mar. 2018.

sublinha a necessidade militar de se desenvolver uma **força dissuasora capaz de assegurar os interesses nacionais**.

O autor, em uma visão otimista, indica que seria necessário desenvolver a energia nuclear no Brasil. A esse respeito, reafirma o aspecto positivo da assinatura da cooperação com a Alemanha para a construção de usinas nucleares no país. Também nesse espectro, Mattos demonstra a contradição do Tratado de Não Proliferação Nuclear (TNP), que limitaria a dissuasão brasileira no futuro e deixaria o país fora do grupo dos países mais poderosos.

Meira Mattos conclui afirmando que o Brasil, se bem gerenciado, seria uma potência em todos os aspectos a partir do ano 2000. Ou seja, em um prazo 25 anos a contar da publicação de sua obra, otimismo que demonstra a capacidade de planejamento estratégico do autor.

A geopolítica e as projeções do poder

No início de seu livro, Mattos destaca sua visão realista do mundo. Para ele, a geopolítica é "**a aplicação da política aos espaços geográficos**". Após a sentença de Bismarck, o autor enfatiza que "**a política é realismo**". Ele lembra a abordagem de Morgenthau quando este afirmou que, entre o idealismo puro de Chamberlain e o firme realismo de Churchill, ninguém pode duvidar de quem salvou os valores ingleses e ocidentais.[44]

Mattos ressalta que ele se baseou nas ideias de Mário Travassos sobre a herança Atlântico-Pacífico para cunhar o que ele passou a denominar "***as zonas de comércio fronteiriças***", que deveriam ser estudadas pelos governos dos países envolvidos para alavancar o desenvolvimento dos transportes, da regulamentação adequada e, evidentemente, de bons serviços públicos. Na mesma direção, o autor propõe uma estratégia para o Atlântico Sul baseada em uma parceria com todos os países costeiros da África Ocidental.

---

[44] MATTOS, C. de M. *A geopolítica e as projeções do poder*. Rio de Janeiro: Biblioteca do Exército Editora (BIBLIEx), 1977. p. 17, grifos nossos.

> As origens do poder datam do surgimento do homem na face da terra. Entendendo o poder como a capacidade de impor a vontade sobre os outros, encontramos nas sociedades humanas mais primitivas seus traços.[45]

Assim, o autor realiza um sobrevoo histórico de alguns exemplos de civilizações que tinham a capacidade de impor sua vontade aos outros. Ele continua mencionando vários autores, como Platão e Sun Tzu, que já haviam se dedicado ao assunto. No entanto, a teoria de Mattos encontra apoio nos autores Spykman[46] (americano) e Toynbee (britânico). O primeiro dizia que o poder se baseava na **prevalência da coerção sobre outros métodos de imposição, como a persuasão ou a negociação que leva à compra ou à troca de territórios**. Do ponto de vista britânico, **são os desafios que geram respostas capazes de desenvolver realidades**.

Discutindo a questão do "**poder nacional**", o autor evoca as expressões de poder utilizadas pela Escola Superior de Guerra brasileira (ESG), que são as mesmas adotadas por alguns centros de renomados estudos internacionais, como National War College, nos Estados Unidos, Royal College of Defence, no Reino Unido, e Instituto de Estudos Avançados de Defesa Nacional, em Paris. Assim, o autor insiste no que considera manifestações de poder: os aspectos político, militar, econômico, psicossocial e técnico-científico. Merece destaque que essa repartição já tinha sido incorporada ao pensamento brasileiro quando Golbery discutiu o tema "Defesa Nacional".

O autor, de maneira sintética, define:

> Poder nacional é definido como a soma dos recursos materiais e valores psicológicos que uma nação possui, para os propósitos que pretende alcançar

[45] MATTOS, 1977, p. 25.

[46] Nascido em Amsterdã em 1893, o acadêmico holandês-americano Nicholas John Spykman era professor de Política e Sociologia, por fim culminando com a diretoria do departamento de Relações Internacionais da Universidade de Yale. Seu conceito de geopolítica não somente tratou o tema como um objeto de estudo, mas também como ferramenta para o planejamento da segurança estatal, e suas elaborações nesse viés influenciariam fortemente administradores públicos estadunidenses (CORREIA, 2010, p. 179).

> ou manter. A política, por outro lado, consiste nos caminhos que levam a esses objetivos e a estratégia diz respeito às ações realizadas para alcançar os objetivos declarados.[47]

Antes de apresentar suas propostas para o desenvolvimento do Brasil, Meira Mattos nos dá seu diagnóstico da situação da época de 1977, um país sob a administração de governos militares. Trata-se de uma atualização do que foi seu trabalho anterior, do qual apresentamos a seguir as principais ideias.

Dimensão e ocupação geográfica efetiva: com uma área de 8,5 milhões de quilômetros quadrados, o Brasil já ficava na época, em extensão, em quinto lugar no mundo. Por outro lado, a densidade populacional de **13 habitantes por quilômetro quadrado** confirmava a sentença de Mattos: "**temos um país grande e vazio**".[48]

Posição geográfica: o autor destaca a posição do Brasil no oceano Atlântico Sul, onde o país se aproxima da África, nossa vizinha, observando que é pelo oceano que o Brasil se mantém em contato com praticamente todo o mundo. Nesse ponto particular, ele evoca a distância que separa o Brasil de Senegal. Os 3.500 quilômetros são o que Mattos se refere como o "**Estreito do Atlântico Sul**".

Em relação ao mar territorial brasileiro, Mattos presta homenagem à decisão tomada em 1973 pelo governo de estender sua soberania a 200 milhas marítimas. Como resultado, o país poderia se beneficiar da riqueza existente e potencial, particularmente hidrocarbonetos.

Na mesma rubrica sobre "**posição geográfica**", Mattos nos lembra da fragilidade das fronteiras terrestres que, especialmente no norte, eram escassamente povoadas. Reforça, portanto, as ideias de seus antecessores em relação à necessidade de aumentar as redes de transporte brasileiras para os países vizinhos.

População: para o autor, o Brasil tinha uma importante fonte humana, tanto para produção como para o consumo.

---

[47] MATTOS, 1977, p. 41.

[48] MATTOS, 1977, p. 86.

> *Somos hoje 110 milhões de brasileiros com uma taxa de crescimento de 2,6% ao ano; devemos chegar aos anos 2000 com 275 milhões de pessoas, de acordo com os estudos do Departamento de Estudos Econômicos da ONU, mas de acordo com a minha percepção, nós atingiremos apenas o nível de 200 milhões porque já iniciamos medidas educacionais, visando reduzir essa taxa.*[49]

Ele também mencionou a melhoria do sistema escolar no Brasil, com a diminuição significativa do índice de analfabetismo e a criação de várias universidades, o que permitiria ao país sair de uma situação difícil.

Recursos naturais: sobre esse tema, o autor considera que, após uma longa estagnação na incorporação de novas áreas de cultivo, a agricultura se estendeu para o oeste e até mesmo para a Amazônia, o que permitiu prever um futuro positivo para o setor. No campo da mineração, o otimismo vinha de novas tecnologias de prospecção, que permitiriam a descoberta de imensa riqueza do subsolo de grande potencial de exploração.

Por outro lado, a situação energética do Brasil não era verdadeiramente confortável. Sem dúvida, era um setor de grande déficit; o que justificava a necessidade de se manter o programa nuclear até a sua conclusão, ou seja, até a construção de três usinas em parceria com a Alemanha. A boa notícia, no entanto, estava ligada à descoberta de várias reservas de petróleo na costa do Rio de Janeiro e do Rio Grande do Norte.

Capacidade econômica, tecnológica e científica: mais uma vez, Mattos estava muito otimista. Apresentou o crescimento do Brasil sob os governos militares quando o Produto Interno Bruto (PIB), que havia atingido uma taxa de 8,8% ao ano, era o símbolo da prosperidade. O autor acreditava que a situação nessa rubrica seria ainda mais positiva no futuro. Apenas sobre o setor energético foi feita uma ressalva especial, pois, segundo ele, mesmo com as usinas nucleares planejadas, o país poderia estar em crise em 2000.

---

[49] MATTOS, 1977, p. 93, grifos nossos.

Capacidade militar: para mensurar esse aspecto, ele se apropria da teoria do professor americano Ray Cline, diretor do Centro de Estudos Estratégicos e Internacionais da Universidade de Georgetown, segundo o qual três fatores são úteis na classificação da capacidade militar dos países: **o PIB; os efetivos das Forças Armadas; a capacidade de projeção e o controle dos mares territoriais**. Ele nos apresenta as seguintes informações extraídas da publicação britânica *The Military Balance 1976/1977*:

Tabela 2 – Gastos militares 1976/1977

País	Gastos militares em relação ao PIB
Israel	35,90%
URSS	13%
Turquia	9%
Grécia	6,90%
EUA	5,90%
Reino Unido	4,90%
França	3,90%
Tchecoslováquia	3,80%
Peru	3,10%
Polônia	3,10%
Argentina	1,90%
Brasil	**1,90%**
Colômbia	0,80%
México	0,70%

Fonte: adaptada pelo autor

Para Meira Mattos, deveríamos reconhecer a fraqueza do Brasil em termos de capacidade militar, em comparação com outros países, inclusive na América do Sul.

Tabela 3 – Efetivo das Forças Armadas proporcionalmente à população – 1977

País	População	Efetivo das Forças Armadas	Porcentagem sobre a população
Argentina	25.710.000	132.000	0.68
Bolívia	5.760.000	22.000	0.50
Brasil	**110.160.000**	**257.200**	**0.20**
Chile	10.760.000	79.600	0.92
Colômbia	25.510.000	54.300	0.41
Equador	7.430.000	23.550	0.40
Guiana	800.000	2.000	0.20
Paraguai	2.670.000	16.600	0.54
Peru	16.380.000	63.000	0.47
Uruguai	3.100.000	23.000	0.70
Venezuela	12.360.000	42.000	0.30
EUA	215.310.000	2.086.700	1.32
México	62.260.000	89.500	0.13
Canadá	23.070.000	77.900	0.38

Fonte: adaptada pelo autor

Coesão interna: segundo o autor, esse fator era verdadeiramente um ponto forte no Brasil, pois não havia conflito interno de natureza política ou étnica. A miscigenação ao longo do tempo permitiu a convivência pacífica de todos que aqui desembarcaram. A esse respeito, ele acrescenta:

> Somos o produto da civilização ocidental, com o peso da cultura francesa. No que diz respeito às raças, somos europeus-ibero-latinos, com uma mistura de índios e africanos. Somos irmãos, pela formação histórica, de todo o povo americano e, pelo nosso sangue latino, dos países hispano-americanos. Recentemente, a influência da cultura norte-americana foi adicionada. Somos católicos e cristãos, propagadores da civilização democrática e cristã ocidental. Somos a maior nação latina do mundo![50]

[50] MATTOS, C. de M. Interpretação geopolítica do Brasil. *A Defesa Nacional*, p. 104, 5 dez. 1958.

A despeito desse otimismo, o autor menciona a necessidade de que certas medidas sejam implementadas em relação à forte continentalidade do Brasil, de modo a permitir que o país finalmente se torne uma potência. Para Mattos, a situação precária das fronteiras terrestres deveria ser uma das principais preocupações do governo federal. Sua proposta era a implementação de um planejamento estratégico com base no que ele chamou de *"as zonas interiores de intercâmbio fronteiriças"* que são assinaladas na Figura 17.

Figura 17 – As zonas interiores de intercâmbio fronteiriças
Fonte: Mattos (1958, p. 113)

O autor explica o propósito dessas áreas: *"[...] aproveitar as conexões de transporte existentes e planejadas [para] conectar interesses brasileiros no plano internacional agregando benefícios aos países vizinhos"*.[51]

Com relação ao Atlântico Sul, Mattos defendia a criação de uma organização internacional para, em um primeiro momento, coordenar a exploração econômica eficiente e, em um segundo passo, que assumisse um caráter defensivo. Ele nos lembra de que os meios navais do Brasil eram insuficientes para assegurar a navegabilidade em uma hipótese de intervenção das grandes potências militares da época. Da mesma forma, o Brasil deveria ir à Antártida para realizar pesquisas científicas ou para ocupar parte dessa região, uma vez que *"não há vontade divina ou bula papal, como foi o caso de um passado distante, estabelecendo quem é o dono do continente antártico"*.[52]

Sobre esse assunto, o pensamento de Meira Mattos apoiou o Tratado da Antártida de 1959 do qual o Brasil é signatário. Esse documento abria a possibilidade da exploração da região de acordo com os critérios propostos em 1907 pelo canadense Pascal Poirier, com base na "**projeção territorial de cada país**", conforme ilustra a Figura 18:

[51] MATTOS, 1958, p. 112, grifos nossos.

[52] MATTOS, 1958, p. 122, grifos nossos.

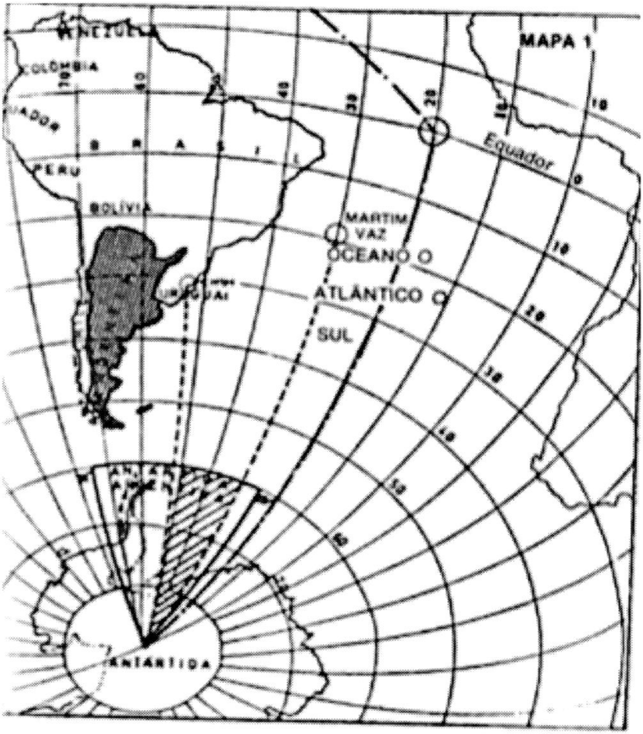

Figura 18 – Projeção continental do Brasil na Antártida
Fonte: Mattos (1958, p. 123)

Além disso, Mattos diz:

> *Vale a pena mencionar que as reservas de carvão, manganês, petróleo, ferro e urânio, além de valiosas fontes geotérmicas, já foram identificadas na Antártida. Mas parece-nos que a exploração será feita por países distantes do continente, como os Estados Unidos, o Japão, a URSS, a França e a Noruega.*[53]

Em seguida, Mattos se apropria da fórmula do professor Ray S. Cline, conhecida como teoria da avaliação do poder nacional:

[53] MATTOS, 1958, p. 124, grifos dos originais.

$$Pp = (C + E + M) \times (S + W)$$

Pp = Poder perceptível

C = Massa crítica (população + território)

E = Capacidade econômica

M = Capacidade militar

S = Concepção estratégica nacional

W = Vontade para executar a estratégia nacional

Para ele, era claro que a parte tangível da fórmula (C + E + M) tinha seu efeito multiplicado pela parte intangível (S + W), à qual Mattos acrescenta um componente adicional: a "***capacidade de persuadir ou de convencer***"[54]. Então, a fórmula proposta pelo autor se torna a seguinte:

$$Pp = (C + E + M) \times (S + W + P)$$

Nesse ponto específico, os dados da pesquisa do professor americano de 1976 reforçavam a visão otimista de Mattos sobre o futuro do Brasil, pois os resultados significavam que os Estados Unidos reconheciam o potencial brasileiro.

Tabela 4 – O poder perceptível das nações

País	C + E + M	S + W	Pp
EUA	50	0,7	35
URSS	45	1,5	67,5
China	23	1	23
França	20	1,2	24
Alemanha	18	1,5	27
Japão	17	1	17
Índia	17	0,8	12,8
Brasil	**16**	**1,3**	**20,8**

[54] MATTOS, 1958, p. 125, grifos dos originais.

País	C + E + M	S + W	Pp
Argentina	10	0,5	5
México	11	0,9	9,9

Fonte: adaptada pelo autor

De uma perspectiva geopolítica para o futuro do Brasil de 1977 a 2000, Mattos esclarece seu maior objetivo:

> *[...] retirar o país do marasmo do subdesenvolvimento, enlevando-o aos níveis das sociedades progressistas e estáveis. Modernizar o país para que se possa ter um crescimento sustentável do PIB, nominal e per capita, capaz de nos levar a um Brasil melhor.*[55]

O autor reconhece os esforços dos governos militares que fizeram do Brasil a oitava maior economia do mundo. Não obstante, avanços importantes continuavam sendo necessários, tais como a redução dos desequilíbrios regionais e a eliminação de zonas de pobreza nos grandes centros urbanos. No que diz respeito às grandes cidades, o autor menciona a falta de serviços básicos, como saneamento e abastecimento de água, que seriam exacerbados pela fragilidade estrutural da assistência social. A situação era agravada pelo fato de o sistema público de saúde carecer de estrutura técnica e de uma capacidade de gestão.

O sistema educacional quantitativamente expandido não foi acompanhado por uma melhoria significativa na qualidade da educação. Esse setor ainda merecia um enorme esforço da administração pública para permitir um *"futuro brilhante"* no Brasil. Para Mattos, a educação deveria receber atenção especial.

Finalmente, Meira Mattos expressa sua preocupação com a capacidade do país em proteger e defender sua navegabilidade no oceano Atlântico. Para isso, ele propõe o reforço da Marinha, elevando a sua capacidade de dissuasão.

---

[55] MATTOS, 1958, p. 117, grifos nossos.

Uma geopolítica pan-amazônica

Meira Mattos começa esse livro com a história da ocupação da região amazônica, que teve o seu início com as primeiras expedições portuguesas em 1500. Ele destaca a viagem de Pedro Teixeira entre Belém e Quito (Equador), em 1637, e termina com a construção de várias fortalezas defensivas durante o período colonial. Para o autor, essa foi uma verdadeira conquista da Amazônia, representada pela Figura 19.

As palavras Amazônia e Pan-Amazônia deveriam, segundo Meira Mattos, designar a mesma região, mas essa não era a realidade que ele identificava. Os seis países que dividem a região adotavam suas próprias políticas, de acordo com seus respectivos interesses e sem nenhum objetivo de integração.

Para caracterizar a região, o autor retoma algumas passagens de romances e narrativas literárias que demonstram a dificuldade de se viver em uma Amazônia carente, no sentido mais amplo do termo. O maior desafio para o Brasil, segundo Mattos, no sentido dos "desafios e respostas" de Toynbee, era reverter a crítica situação local.

Apesar das dificuldades mencionadas, a Amazônia sempre atraiu a curiosidade da comunidade científica internacional, como nos mostram os relatos de conhecidas expedições que, certamente motivadas por objetivos diferentes, serviram para propagar uma terra desconhecida do restante do mundo: Charles Marie de La Condamine (1701-1774), von Martius (1794-1868), Alcide Orbigny (1802-1857), Louis Agassiz (1807-1873) e Koch-Grünberg (1872-1924).

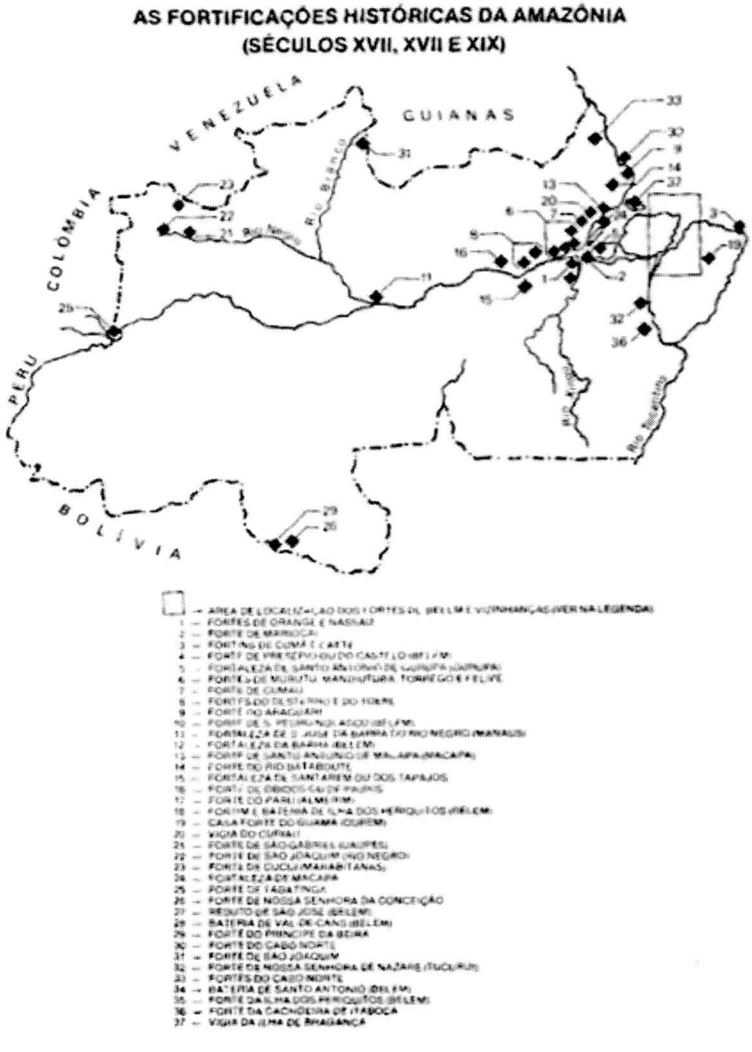

Figura 19 – Os fortes da Amazônia – imagem retirada da obra de Meira Mattos
Fonte: Mattos (1980, p. 40)

Com a mesma determinação para construir uma visão histórica, o autor discute as disputas territoriais que o Brasil teve com dois de seus vizinhos: com a França, "a questão do Amapá", e com a Bolívia, a "questão de Acre". Em ambos os casos, após alguns confrontos militares, as demarcações fronteiriças foram inteligentemente resolvidas pela ação diplomática em favor do Brasil.

Os franceses e os portugueses divergiam sobre a localização do rio que fora selecionado como fronteira na assinatura do Tratado de Utrecht, em 1713, e demorou até 1900 para uma arbitragem suíça dar razão aos brasileiros, colocando a fronteira entre Brasil e Guiana Francesa no Oiapoque. No que diz respeito à Bolívia, o problema estava relacionado à exploração da borracha no território do atual estado brasileiro do Acre, que finalmente foi "adquirido" por ação diplomática materializada pelo Tratado de Petrópolis de 1902.

Mattos estava convencido de que o caminho para o desenvolvimento efetivo da região amazônica exigia uma forte integração que, aliás, era justamente o objetivo do recente[56] Tratado de Cooperação Amazônica, assinado em 3 de julho 1978, em Brasília, por Bolívia, Brasil, Colômbia, Equador, Guiana, Peru, Suriname e Venezuela. "*Aparentemente, a composição de uma bacia hidrográfica é um critério usado em muitas partes do mundo, como nos mostra, por exemplo, a cooperação em torno da bacia do Danúbio*",[57] observou o autor.

[56] Recente em relação à obra analisada que data de 1980.

[57] MATTOS, C. de M. *Uma geopolítica pan-amazônica.* Rio de Janeiro: Biblioteca do Exército Editora (BIBLIEx), 1980. p. 120, grifos nossos.

Figura 20 – A bacia Amazônica
Fonte: Mattos (1980, p. 121)

Os princípios do tratado demonstram essas intenções:

- **Competência exclusiva** dos países da região para o desenvolvimento e a proteção da Amazônia.
- **Soberania nacional** para o uso e a preservação dos recursos naturais e a consequente prioridade absoluta dos esforços internos de desenvolvimento amazônico de cada país.
- **Cooperação regional** como forma de facilitar a realização dos objetivos mencionados.
- Equilíbrio e harmonia entre **desenvolvimento e proteção ecológica**.

Aqui, podemos encontrar traços do que Mattos chama de *"consciência ecológica"* para o desenvolvimento. O tratado foi uma reação regional à ideia de internacionalização da Amazônia surgida no Tratado de Iquitos, de abril de 1948, pelo qual a Organização das Nações Unidas para a Educação, a Ciência e a Cultura (Unesco) tentou criar o **Instituto Internacional da Hileia Amazônica**. Esse tratado previa a presença de países distantes como França, Itália e Holanda, o que era inaceitável segundo Mattos.[58]

Após essa abordagem defensiva, Mattos passou a analisar em profundidade ***"as zonas interiores de intercâmbio fronteiriças"***, que ele concebeu como forma de coordenar os esforços entre o Brasil e seus vizinhos (Figura 17). Essas eram as regiões onde as estruturas de transporte existentes poderiam ser agrupadas e planejadas para multiplicar os benefícios para os países envolvidos. Na Amazônia, o autor identifica três eixos: o primeiro composto por **Brasil, Guiana, Venezuela** e **Colômbia**; o segundo por **Brasil, Colômbia** e **Peru**; e o último por **Brasil, Peru** e **Bolívia**.

Para reforçar sua visão de integração, o autor diz que, para ter uma abordagem continental, seria necessário olhar para as três frentes: a do **Atlântico**, a mais tradicional e a mais desenvolvida, marcada pelos grandes rios da região com grande potencial de navegabilidade; a do **planalto central**, marcada pelas fontes dos afluentes da margem direita ligadas ao centro do país; e a da **frente andina** que atravessa a Bolívia e o Peru, rumo ao oceano Pacífico, potencialmente favorável à interligação oceânica.

O uso de hidrovias que cortam a região possuía histórico importante que, por si só, demonstrava a sua importância. Até mesmo a conquista e a ocupação da Amazônia estão ligadas aos grandes rios Madeira, Mamoré, Solimões, Negro e Amazonas. Quanto à atenção dada ao planalto central, iniciada na década de 1960 após a transferência da capital para Brasília, os esforços são visíveis pelas principais estradas construídas na época: **Belém-Brasília**; **Cuiabá-**

[58] Ressalta-se aqui a preocupação constante dos militares brasileiros com a soberania amazônica que, por vezes, é criticada sob o pretexto de que seria uma criação dos próprios militares.

-Porto Velho-Manaus; e **Cuiabá-Santarém**. Por outro lado, no arco norte, entre os estados de Roraima e Rondônia, nada havia sido realmente realizado, constituindo uma oportunidade de melhoria para a política regional. Ademais, era necessário ainda reforçar as vias navegáveis construindo vários postos de apoio.

Mattos comparou a forma como outros países, que também tiveram o desafio de integrar áreas remotas e desabitadas, realizaram isso. Os exemplos utilizados foram: os Estados Unidos com a "marcha para o oeste", a União das Repúblicas Socialistas Soviéticas (URSS) na Sibéria e a Austrália com seu deserto. O ponto comum foi a capacidade de construir ferrovias que aumentavam o valor político e econômico do território.

No Brasil, esses exemplos deveriam ser seguidos, se não por ferrovias, devido às características do terreno, pelas estradas. O principal objetivo em relação à Amazônia era explorá-la, protegê-la e desenvolvê-la, alargando as fronteiras econômicas que, na época da obra de Mattos, deixavam-na relegada a segundo plano.

Geopolítica e trópicos

O general Meira Mattos, com a sua *Geopolítica e trópicos*, acrescenta um novo trabalho aos seus escritos acadêmicos, durante o qual também produziu uma série de artigos, seminários e debates sobre o tema principal "geopolítica", como mencionamos.

Deve-se enfatizar que esse trabalho é parte de um encadeamento de ideias, em uma continuidade intelectual que integra conceitos que ele já havia utilizado. Por outro lado, propõe novas soluções baseadas em critérios plausíveis, nesse caso, resultantes das características inerentes ao tropicalismo do Brasil.

A tese que ele debate foca a capacidade de os países tropicais se transformarem em países verdadeiramente competitivos, em outros termos, tornarem-se potências no sentido mais amplo da palavra. Para tanto, o autor discute e compara as influências dos fatores climáticos e raciais na constituição de sociedades dotadas de cultura e tecnologia desenvolvidas, por exemplo, os Estados Unidos.

Mattos apropria-se das ideias de alguns pensadores americanos, incluindo uma entrevista do professor Brzezinski de 1974, ministrada na Universidade de Columbia, da qual reproduzimos a seguinte ideia-chave:

> Acredito que seria útil para o Brasil e os Estados Unidos realizar consultas bilaterais mais sistemáticas sobre questões globais que atualmente são de grande preocupação. Estou convencido de que há uma tendência favorável ao surgimento de potências hegemônicas regionais. Não creio que isso possa ser construído por alguém, já que é inerente à dinâmica de uma determinada região. O nascimento de tais potências pode ter um efeito estabilizador. Uma ordem mundial baseada na cooperação interdependente com maior número de potências é preferível à bipolaridade conflituosa dos últimos anos.[59]

Para o autor, ficou claro que o Brasil tinha um lugar reservado entre as nações mais desenvolvidas, como mencionou Brzezinski ao falar em ***poder hegemônico regional***. Mattos rejeita argumentos de que "o tropicalismo" teria um efeito negativo sobre os destinos das nações.

Considerando-se então a curva de crescimento econômico do período militar e o enorme potencial do Brasil em particular, Mattos deduz que "o futuro do Brasil" estava lá, reservado. Em sua análise prospectiva, o Brasil precisava dar os seguintes passos para consolidar seu processo de desenvolvimento:

- Corrigir a distorção geopolítica caracterizada pela posse de uma imensa massa desabitada e quase desconhecida. Para esse propósito, o autor cunhou o termo "**vertebração**" das áreas interiores do território por meio da expansão da rede de transporte.

[59] MATTOS, C. de M. *Geopolítica e trópicos.* Rio de Janeiro: Biblioteca do Exército Editora (BIBLIEx), 1984. p. 107.

- Investir em tecnologias avançadas de exploração petrolífera em águas profundas, porque era previsível que a plataforma continental do país poderia ter um enorme potencial de hidrocarbonetos.
- Fortalecer a indústria naval, aumentando a capacidade de construção de embarcações e modernizando os portos. Na mesma rubrica, ter a capacidade naval de assegurar as comunicações e as rotas comerciais no Atlântico Sul, emoldurada por um sistema de alianças com nossos vizinhos no continente e com alguns países africanos.
- Manter o esforço de inovação tecnológica no campo da energia nuclear que, no futuro, deveria assegurar a autonomia do Brasil, propiciando o nosso acesso ao restrito clube das nações que dominam o ciclo completo da energia.
- Investir no desenvolvimento de biocombustíveis. Coerentemente com os ensinamentos colhidos pela crise do petróleo da década de 1970, o autor reforçou a necessidade de diversificar a matriz energética do país. Ele cita o projeto "Proálcool" para o desenvolvimento de motores a etanol.
- Incentivar a indústria de computadores que, na época, era muito fraca. Caso contrário, no futuro, o Brasil seria totalmente dependente de importações.
- Negociar o estabelecimento de um sistema de segurança continental como solução para futuras questões hemisféricas e, se possível, envolver-se em alianças extracontinentais. Para Mattos, o país deveria se preparar para assumir novas responsabilidades externas no campo da segurança global, em consonância com suas ambições econômicas e geoestratégicas.
- Estabelecer como meta nacional a manutenção da paz na América do Sul. No caso de uma grande crise ou conflito, o Brasil deveria se esforçar para diminuir os níveis de tensão, caso contrário, o país seria o grande perdedor.
- Manter a capacidade de gestão necessária para manter uma taxa de crescimento econômico razoável, baseada na educação e na geração de empregos.

Conclusão intermediária

> Mattos representa de certa forma um elo entre os autores que desenvolvem a projeção continental de Travassos e Golbery e os que desenvolvem uma visão mais marítima do Brasil. Para a defesa do território, ele propôs a centralização política e administrativa, trocas comerciais e estratégias militares defensivas.[60]

Carlos de Meira Mattos mostrou-se um verdadeiro defensor do pensamento geopolítico brasileiro. Por sua forte crença de que o país teria de construir o seu caminho, as escolas determinista e possibilista não seriam capazes de indicar a direção correta a seguir.

Em síntese, o autor analisado contribuiu fortemente para o reconhecimento de uma escola nacional que se propôs, ao longo da história do Brasil, a garantir o desenvolvimento do país.

Em relação às influências externas, Mattos inspirou-se claramente no britânico Toynbee, colocando em perspectiva a teoria dos "desafios e respostas" para mostrar que as reações do Brasil aos problemas encontrados tiveram a capacidade de impulsionar o seu poder nacional. Também se inspirou no professor americano Cline, de cujo conceito de "poder perceptível" ele se apropriou e deu um toque próprio ao acrescentar o fator "capacidade de persuadir e de influenciar" de uma nação.

Seguindo nessa direção, Meira Mattos buscou explorar conceitos básicos, tais como "**potência regional**", "**potência global**" e o "**papel do Estado**", na figura de coordenador do esforço desenvolvimentista. O debate intelectual resultou em metodologia capaz de posicionar o Brasil em um ranking que analisava o potencial dos países. Em uma autoanálise, foi possível estabelecer medidas para reverter o quadro desfavorável da época.

Sua argumentação para inserção do Brasil no concerto das nações baseia-se na teoria dos círculos prioritários de Golbery. O autor propõe a adesão do Brasil a alianças militares hemisféricas,

---

[60] PROST, 2003, p. 85.

ao tempo que sugere a construção de uma aliança na América do Sul. Na mesma linha de pensamento, o continente africano continua sendo uma prioridade no prisma da segurança nacional.

Para Mattos, as relações internacionais são sempre realistas. Portanto, o autor critica a tendência brasileira de ver o mundo quase sempre idealisticamente. O forte exemplo da política de Churchill durante a Segunda Guerra Mundial é levado em consideração em oposição ao idealismo de seu antecessor. Ele indicou medidas concretas para alcançar o projeto de um "**Brasil potência**". Com base no raciocínio lógico, os caminhos internos e externos foram rigorosamente explorados.

> O autor atribuiu ao Estado, pela ação coordenadora do poder político, a tarefa de transformar o país em uma potência de primeira ordem dentro do cenário mundial. O modelo a adotar foi interno e externo; por um lado, era necessário que o Brasil construísse as redes de transporte necessárias para sua interiorização – o que denomina "vertebração" do território nacional. Em segundo lugar, o Brasil deveria se adequar às condições do ambiente externo – contribuir para alianças hemisféricas com os Estados Unidos em primeiro lugar, de forma depois autônoma, em parceria com os países da América do Sul.[61]

A visão de uma América do Sul mais integrada foi gradualmente desenvolvida nos trabalhos de Meira Mattos, dentre os quais se destaca o livro *Uma geopolítica pan-amazônica*, de 1980, quando expressou seu otimismo sobre o Tratado de Cooperação Amazônica (TCA). Para ele, esse instrumento também serviria ao grande objetivo de evitar uma presença extracontinental que representaria uma ameaça para todos.

Mattos dedica especial atenção à Amazônia, onde a "**vertebração**" do Brasil era historicamente precária. Essa característica poderia comprometer a soberania do país devido à ausência do Estado brasileiro na condução de projetos autenticamente regionais.

[61] LUZ GABRIEL, 2012, p. 127.

Para a situação negligenciada das fronteiras, o autor propôs a implementação do planejamento estratégico com base no que ele chamou de ***"zonas interiores de intercâmbio fronteiriças"***, cuja finalidade, como já exposto, era *"[...] aproveitar as conexões de transporte existentes e planejadas [para] conectar interesses brasileiros no plano internacional agregando benefícios aos países vizinhos"*.[62]

Pela primeira vez na história do pensamento geopolítico brasileiro, a ocupação da Antártida foi alvo de reflexão. Justificando seu argumento no Tratado da Antártida de 1959, sob o princípio da projeção continental, Mattos pressiona o Brasil a buscar o seu lugar no continente branco.

Considerando os argumentos discutidos nesta seção, é possível concluir que Carlos de Meira Mattos ocupa posição de destaque entre os pensadores da Escola Geopolítica Brasileira, sendo, indubitavelmente, um entusiasta do projeto "Brasil potência" em um mundo pleno de oportunidades.

[62] MATTOS, 1958, p. 112, grifos nossos.

CAPÍTULO 3

O MAR, O COMPONENTE FINAL

É possível observar, até aqui, o domínio da continentalidade entre os pensadores brasileiros. Em que pesem as recomendações de Meira Mattos sobre a questão da Antártida, é com Therezinha de Castro que a Escola Geopolítica se completa. Como abordaremos a seguir, essa autora acrescentou o fator marítimo ao modo de pensar a geopolítica no Brasil.

Therezinha de Castro (1930-2000)

Filha do general Fábio de Castro, Therezinha de Castro nasceu no Rio de Janeiro em 1930. Dedicou-se ao estudo da História e da Geografia durante sua carreira universitária, iniciando seu percurso da Faculdade Nacional de Filosofia da Universidade do Brasil, atual Universidade Federal do Rio de Janeiro.

Trabalhou por 27 anos no Conselho Nacional do Instituto Brasileiro de Geografia e Estatística (IBGE), onde teve o privilégio de viver e trocar experiências com Carlos Delgado de Carvalho e, depois, com o major Otávio Tosta que, na época, era o representante do Ministério do Exército dentro dessa agência, dois acadêmicos reconhecidos no mundo da Geografia. As amizades formadas nesse ambiente de trabalho, assim como o estímulo desses dois ícones, contribuíram de maneira marcante para que seus estudos fossem orientados para o campo da geopolítica.

Ela se juntou ao quadro da Escola Superior de Guerra como assistente da Divisão de Assuntos Internacionais. Therezinha também proferiu palestras e participou como docente nos cursos de Altos Estudos Militares da Escola de Comando e Estado-Maior do Exército (Eceme), da Escola de Comando e Estado-Maior da Aeronáutica (Ecemar) e da Escola de Guerra Naval (EGN).

Sua maior contribuição para a geopolítica brasileira é baseada em sua análise do Brasil sob a perspectiva de sua projeção marítima no contexto internacional. Com forte confiança nos paradigmas "mahanianos",[63] a professora procurou mostrar a realidade estratégica da posição brasileira frente ao Atlântico Sul, seu ambiente e seus efeitos.[64]

Entre os livros publicados por Therezinha, as questões antárticas tiveram lugar especial. *Atlântico sul* (1995) e *Geopolítica: princípios, meios e fins* (1999) são os pontos fortes de sua bibliografia. Segundo o Instituto Brasileiro de Geografia e Estatística, os elementos mais importantes de seu pensamento estão reunidos nos artigos coletados a seguir e que foram publicados em momentos distintos de seu percurso profissional.

"Antártica, a questão do momento"

Therezinha de Castro inicia seu artigo de 1958 descrevendo o continente branco que, para ela, era um tema sobre o qual o Brasil não havia avançado ou, pelo menos, não o suficiente para estar na vanguarda de outros países do mundo, mesmo entre os vizinhos da América do Sul.

A Antártida é um enorme bloco de terra de 13.987.000 quilômetros quadrados, com uma espessa camada de gelo que, em alguns lugares, pode chegar a dois quilômetros de profundidade. As massas

[63] Nascido em 1840, o oficial-marinheiro (por fim, almirante) e acadêmico Alfred Taylor Mahan iniciou sua carreira em 1859, após sua formação na Academia Naval dos Estados Unidos, em Anápolis, combatendo separatistas rebeldes durante a Guerra de Secessão. Sua carreira como comandante foi medíocre, porém, devido à sua inteligência, conseguiu tornar-se instrutor na Academia Naval, posteriormente progredindo ao posto de diretor daquela instituição (MAFRA, R. M. O. *Geopolítica:* Introdução ao estudo. São Paulo: Sicurezza, 2006. p. 104).

[64] WHITAKER, 2016.

rochosas retêm em parte o gelo que, quando consegue escapar, alcança o mar em forma de iceberg. Essa divisão ocorre principalmente nas duas enormes baias opostas formadas pelos mares Weddell e Ross.

O que realmente está por trás dessa calota de gelo, ou seja, a topografia da região, só pode ser conhecido através de levantamentos sísmicos, como tem sido feito na Groenlândia desde 1948. Com temperaturas tão baixas quanto - 70° C, a Antártida é, sem dúvida, a região mais fria do mundo, o que explica a dificuldade que se pode ter para explorá-la na época da obra de Therezinha de Castro.

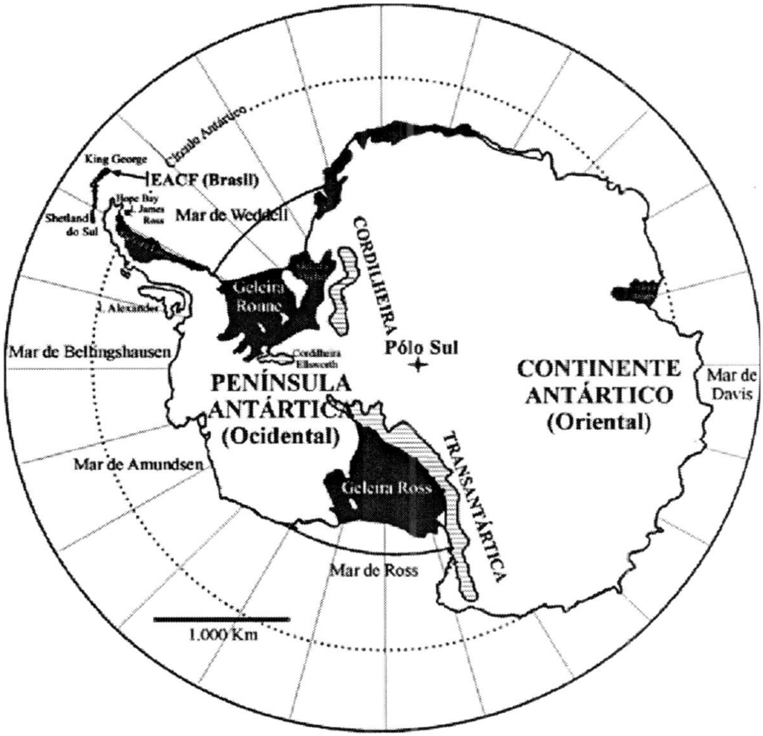

Figura 21 – Visão geral da Antártida

Fonte: disponível em: https://www.researchgate.net/figure/Figura-313-Mapa-da-Antartica-e-suas-duas-porcoes-principais-a-Oriental-Continente_fig2_233853912a. Acesso em: 10 dez. 2019

A autora mencionou relatórios da expedição que datam de 1947, quando o almirante Lepotier descreveu uma área livre de gelo de 8.000 quilômetros quadrados, com três lagos que pareciam ter coloração compatível com a presença de algas. Essa constatação era sugestiva da presença de nascentes de águas termais, como ocorre na Islândia.[65]

Localizado a 4.000 quilômetros da Terra do Fogo no Chile, a 5.000 quilômetros da Tasmânia e a 6.000 quilômetros do Cabo da Boa Esperança, o continente branco estava, na época na qual o artigo foi escrito, dividido em três partes geográficas: **África**, **Austrália** e **América**. Quanto à sua formação geológica, há uma suposição de que a Antártida é uma extensão dos Andes, teoria apoiada por uma linha imaginária que liga o extremo sul do continente americano a algumas das ilhas do Atlântico Sul e à parte da Antártida chamada Graham Earth, como mostrado na Figura 22.

Uma série de ilhas, muitas das quais são territórios ingleses, está ligada ao continente branco, legitimando a reivindicação de posse de uma parte da Antártida pelo princípio da projeção continental já evocado por Meira Mattos. Therezinha de Castro analisa a situação dessas ilhas do Atlântico Sul, formando um arco alongado no oceano:

- **Ilha do Estado**: localizada a leste da Terra do Fogo, tem uma área de 541 quilômetros quadrados. Foi descoberta pelos marinheiros holandeses, Jacob le Maire e Willem Cornellis Schouten. Ainda hoje pertence politicamente aos argentinos.
- **Ilhas Malvinas**: área disputada entre Argentina e Inglaterra, a questão remonta à descoberta dessas ilhas. O nome deriva dos marinheiros franceses de Saint-Malo que ali primeiro chegaram. No entanto, foi a Inglaterra que ocupou o território efetivamente a partir de 1833, aproveitando-se do fato de que a Espanha, que o conquistara dos franceses, não o colonizou efetivamente. A Argentina, independente desde 1810, reivindica a propriedade das ilhas, porque se considera a legítima herdeira da Espanha.
- **Geórgia do Sul**: com uma área estimada de 3.075 quilômetros quadrados, a ilha também está integrada aos territórios britâ-

[65] Devemos fazer justiça e lembrar que estamos analisando um artigo de 1958, quando não existiam, em absoluto, tecnologias que pudessem confirmar as conclusões de Therezinha de Castro.

nicos, embora seja povoada principalmente por noruegueses engajados na caça às baleias.

- **Ilhas Sandwich do Sul**: a sudoeste da Geórgia do Sul, esse arquipélago inglês é composto de numerosas pequenas ilhas que cobrem uma área de 420 quilômetros quadrados.
- **Ilhas Órcades do Sul**: também inglês, o arquipélago ocupa uma área de 1.230 quilômetros quadrados.
- **Arquipélago de Shetland do Sul**: essas ilhas fecham o arco de projeção inglês sobre a Antártida.

Na projeção inglesa, Therezinha de Castro antecipa o posicionamento inglês, revelado em 1982, quando a Argentina decidiu tomar as Malvinas. Os britânicos nunca negligenciariam a posse das ilhas, os quais, entre outras oportunidades, garantem o acesso a esse imenso e desconhecido continente branco.

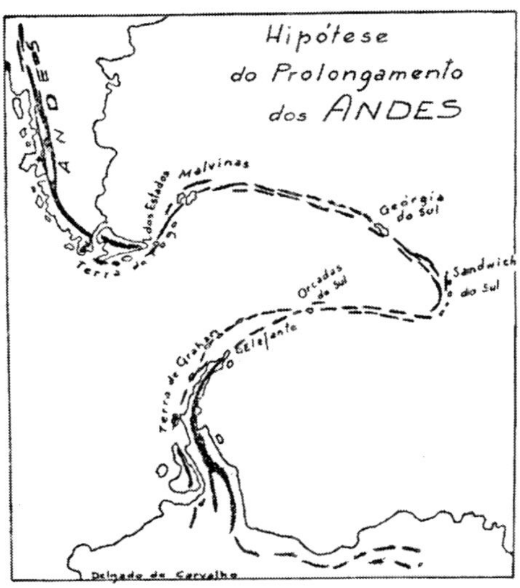

Figura 22 – A Antártida como prolongamento da Cordilheira dos Andes
Fonte: Castro (1958)

Após essa breve descrição geográfica da região, a autora destaca os interesses científicos na Antártida com base no artigo publicado por Roger Vercel, "O assalto do polo sul", no qual se pergunta, em que pesem as enormes dificuldades encontradas na exploração da região: vale a pena? A resposta é positiva, pois um verdadeiro eldorado poderia se descortinar.

Therezinha de Castro, nessa fase de sua análise, mostra-se desapontada pela inércia do Brasil em relação ao movimento internacional de pesquisa sobre o continente branco. Um projeto de "**interesse comum**" das nações ricas estaria em andamento, valendo-se das capacidades de se projetarem; um verdadeiro consórcio de países planejava instalar bases/estações meteorológicas na região, como mostra a Figura 23. Para Therezinha de Castro, era imperativo o desenvolvimento de um programa brasileiro para a exploração efetiva do continente branco.

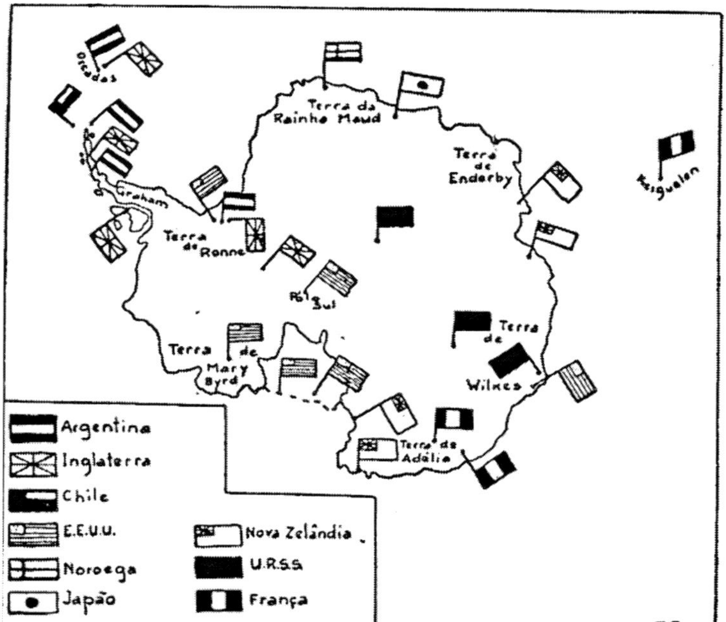

Figura 23 – Presença internacional na Antártida

Fonte: Castro (1958)

A grande questão para Therezinha de Castro seria a partilha do continente branco, uma vez que o direito internacional não reconhecera qualquer legitimidade às reivindicações que já haviam surgido. Por exemplo:

- A **Inglaterra**, em sua cartografia de 1908, reivindicou seus direitos sobre quase toda a Antártida por conta da natural projeção das ilhas já mencionadas. O setor da Nova Zelândia foi criado em 1923, o que desencadeou ações de demarcação pela Austrália em 1936. Direta ou indiretamente, dois terços da Antártida foram então anexados à Coroa Britânica.
- Da mesma forma, a **França**, por sua vez, nos decretos de 1924 e 1938, aprovou a área conhecida como a "Terra Adélia" com base em sua própria legislação interna, que regulamentava o direito da descoberta de Dumont d'Urville, publicada em 1839.
- Os **Estados Unidos** fundaram sua "pequena América" ao lado do setor reivindicado pelo Chile.
- A **Noruega**, em 1939, anexou em seu benefício a área entre as projeções das Malvinas e da Austrália.
- A **Alemanha**, também em 1939, criou a sua "*Neu Schwabenland*" com base nas expedições de 1912 da Filchner e de 1938 da Ritscher.
- **Rússia, Suécia** e **Japão**, que também participaram de expedições científicas, embora não tenham delimitado seus territórios, já expressavam claramente suas reivindicações.
- O **Chile** e a **Argentina** definiram suas ambições territoriais com base na teoria da extensão andina explicada anteriormente. Além disso, os chilenos referiram-se à declaração de O'Higgins, o herói da independência, pela qual este último estendeu a libertação do Chile aos territórios das ilhas Shetland.

A autora reforça seu desapontamento com o atraso brasileiro em se posicionar nessa verdadeira partilha do continente branco. Ela termina seu artigo dizendo: "***Nós nos juntamos aos países da América do Sul, Argentina, Chile, Equador, Peru e Uruguai em torno do direito de projeção continental (defrontação) ou dos setores polares cunhados pelo senador canadense Pascal Poirer, em 1907,***

quando se tratava da divisão do Polo Norte."[66]. A Figura 24 ilustra o ponto de vista de Therezinha sobre o assunto.

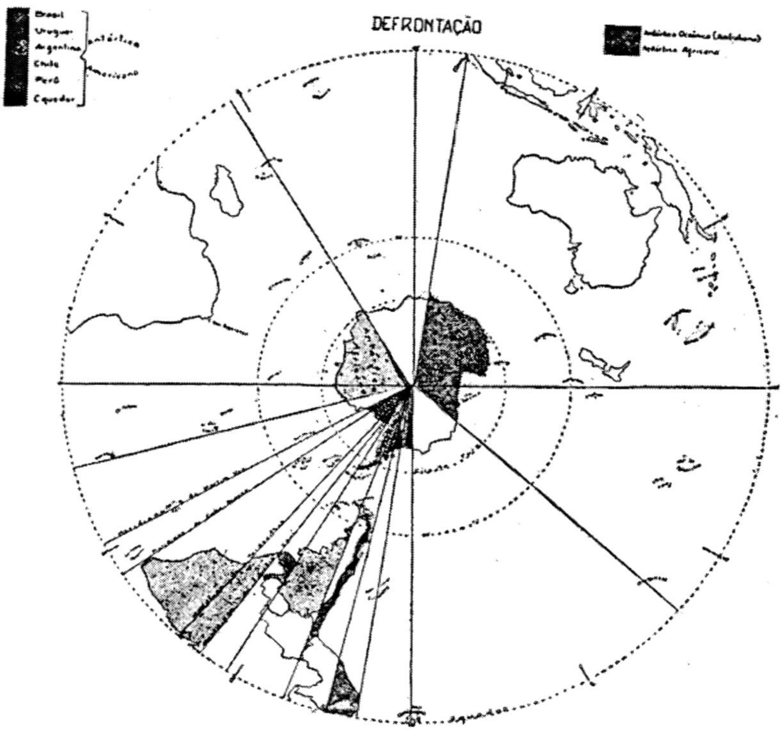

Figura 24 – Teoria defendida para a partilha da Antártida
Fonte: Castro (1958)

"Antártica"

Depois de seu artigo anterior, Therezinha de Castro estudou as medidas tomadas pelo Brasil no contexto dessa verdadeira corrida internacional em direção ao Polo Sul. A autora aborda tanto aspectos

[66] CASTRO, T. de. Antártica, a questão do momento. *Boletim Geográfico*, p. 142, 15 jan. 1958, grifos nossos.

positivos quanto desafios futuros. Faz uma caracterização da área que consiste essencialmente nos mesmos dados já apresentados, razão pela qual não repetiremos aqui.

Therezinha de Castro chama a atenção para um aspecto importante que não havia sido desenvolvido sobre as implicações da assinatura do Tratado Interamericano de Assistência Recíproca (Tiar), em 1947. O texto foi preparado por 19 países americanos, aos quais outros quatro se juntaram mais tarde. Visto como um tratado para impedir a influência da URSS no continente americano, o Tiar tornou-se um mecanismo da Organização dos Estados Americanos (OEA) para a segurança coletiva. Ainda em vigor, considera que a agressão de um Estado não extracontinental contra um Estado-membro será considerada uma agressão contra todos os outros. Quando foi assinado, a Argentina obteve o reconhecimento de uma Antártida sul-americana considerada uma zona de defesa, destinada a prevenir e reprimir ameaças e atos de agressão contra os países do continente.

Mas o mecanismo mostrou-se ineficaz em alguns incidentes no continente branco: em 1952, a Argentina atacou os britânicos para impedi-los de estabelecer uma base na Ilha da Esperança e, no ano seguinte, os britânicos destruíram as bases chilena e argentina da Ilha Decepcion. Apesar dessas falhas, para Therezinha de Castro, as hostilidades pelo menos demonstraram ao mundo a existência de uma zona de defesa sul-americana no continente branco.

Da mesma forma, ressaltando as hostilidades ocorridas no Polo Sul, a autora destaca a tentativa frustrada da Índia em colocar na pauta da Assembleia Geral das Nações Unidas, de 1956, a temática do uso pacífico do continente branco. Therezinha recorda a esse respeito que a estratégia naval dos alemães durante a Segunda Guerra Mundial incluiu o estabelecimento de pontos de refúgio e abastecimento na região. Toda essa argumentação era para justificar as ações de defesa que o Brasil deveria realmente realizar. O mundo todo estava de olho na Antártida.

Para a autora, o Brasil havia negligenciado seu *"**fator marítimo**"* por causa de sua continentalidade durante a transferência da capital federal para Brasília. No entanto, as seguintes ações, embora não tenham como objetivo principal a Antártida, foram valorizadas pela autora que as considerou avanços significativos:

- **Ocupação da Ilha da Trindade**: a partir de 1956, a ilha é ocupada pela guarnição da Marinha do Brasil, que desenvolve obras meteorológicas, oceanográficas e geofísicas.
- **Oceanografia do triângulo "Trindade – Cabo Frio – Abrolhos"**: 60 estações oceanográficas para o estudo da circulação permanente, da geologia e da topologia do fundo do mar, e para a exploração da riqueza do subsolo.
- **Oceanografia e meteorologia da zona "Cabo Frio – Chuí"**: instalação de 100 estações oceanográficas para estabelecer o papel da corrente das Malvinas como fertilizante para as águas do sul.
- **Oceanografia no estuário da Amazônia**: 40 estações oceanográficas visando ao reconhecimento da plataforma continental e da foz do estuário.

Em seguida, Therezinha de Castro discute o Tratado da Antártida de 1959, que tentou regular a exploração internacional no continente branco, tentando evitar conflitos e disputas originados do fato de que muitos países haviam estabelecido bases em territórios reivindicados por outras nações. Embora representasse um avanço, as negociações do Tratado não ocorreram no âmbito da Organização das Nações Unidas (ONU) e, por isso, muitos países o consideraram politicamente discriminatório.

Deixado de fora nos trabalhos iniciais, o Brasil só se tornou signatário do Tratado em 1975. Therezinha de Castro ressaltou a posição do Brasil, que se materializou em sua carta de adesão, aqui transcrita:

> *• O Brasil considera que o Tratado da Antártica constitui o único diploma legal para o continente antártico, sendo instrumento jurídico válido e aceito por todos os Estados-membros que dele são partes; a esse respeito, o considera, também, o Governo Brasileiro que todos os*

> *Estados que desenvolvam atividades na Antártida estão sujeitos às mesmas regras jurídicas;*
>
> *• O referido tratado veio consagrar princípios e normas positivas, com repercussões para toda a comunidade internacional, a saber: o uso da Antártica para fins exclusivamente pacíficos e o amplo sistema de inspeção ali previsto para assegurar a observância dos citados objetivos, a liberdade de pesquisa e as facilidades para a pesquisa científica na região e a proibição de explosões nucleares e de alijamento de material ou resíduos radioativos na área;*
>
> *• O governo brasileiro empresta a maior relevância aos trabalhos realizadas no continente Austral e ao mecanismo decisório previsto no Tratado, no qual deverá prevalecer, a juízo do Governo Brasileiro, o princípio de igualdade entre todos os signatários;*
>
> *• O Brasil, em virtude de possuir a mais extensa costa no Atlântico Sul, costa essa devassada pelo continente Austral, tem interesses diretos e substanciais na Antártica;*
>
> *• A propósito da significação particular da Antártica, caberia acentuar que seu reconhecimento determinou a inclusão de parte do território antártico na zona descrita pelo artigo 4º do TIAR, sendo, portanto, corresponsável pela defesa da região.*[67]

Em termos gerais, esse documento afirma a intenção do Brasil em manter um ambiente de paz na região, favorável ao desenvolvimento científico do continente. Quando a diplomacia brasileira enfatiza que o país tem o maior litoral do Atlântico Sul, apoia a teoria da confrontação (projeção continental, já discutida anteriormente) como base para legitimar a propriedade territorial do continente sul.

Após a adesão do Brasil ao Tratado da Antártida em 1975, Therezinha de Castro enfatiza a importância da instalação do centro de pesquisa "Comandante Ferraz" em 1983. Embora com um pouco

---

[67] CASTRO, Therezinha de. *Antártica*. Rio de Janeiro: Escola Superior de Guerra, 1997. (Leitura selecionada, 806/98).

de atraso, a estação de pesquisa materializa a política brasileira para a região, garantindo a presença nacional legítima e pacífica.

A tese da triangulação das ilhas do Atlântico Sul

"A presença de um oceano, e especialmente de ilhas neste oceano, nas águas costeiras, é um fenômeno geográfico que estimula a beleza no caráter de uma civilização."[68].

"O mar deu origem à descoberta de novas terras", escreve ela, referindo-se ao tempo das grandes navegações ibéricas.[69] Para o Brasil, possuidor de aproximados 7.000 quilômetros de costa, era imperativo contrabalançar o poder naval com o poder militar terrestre. Tal pensamento demonstra claramente a influência de Mahan nas ideias da autora.

As próprias ilhas, segundo ela, tiveram capacidade própria para o desenvolvimento de civilizações, que cresceram com suas próprias identidades culturais, autônomas em seus relativos isolamentos insulares. Frequentemente, elas se orientaram em direção ao mar para interagir com outros centros populacionais e adquirir recursos que faltavam em suas próprias terras. As comunidades insulares trazem consigo tradições marítimas, por exemplo, a antiga Creta, o Japão e o Reino Unido, que expandiram seus domínios em busca de recursos naturais inexistentes em suas terras de origem.

No entanto, quando ilhas relativamente pequenas estão a uma curta distância de um centro populacional continental, ou perto de uma importante rota de navegação, elas são frequentemente usadas como "**trampolim**", *ponto de apoio, militarmente falando*. Caso as características geográficas de uma ilha favoreçam, mesmo que em pequena escala, a aproximação de navios a serem reabastecidos, o alcance de um navio ou de uma frota de embarcações é bastante expandido, eliminando a necessidade de retornar a um porto continental.

[68] CASTRO, T. de. *Geopolítica*: princípios, meios e fins. Rio de Janeiro: Biblioteca do Exército Editora (BIBLIEx), 1999. p. 37.

[69] CASTRO, 1999, p. 158.

Mais uma vez, Therezinha de Castro evocou o raciocínio de Mahan, que via nas ilhas uma forma de ampliar a defesa de um território soberano e garantir pontos estratégicos de controle, estratégia denominada "fechamento das rotas". Ela cita o exemplo de que, com base das ideias de Mahan, os americanos anexaram as ilhas estratégicas do Caribe, pertencentes à Espanha, bem como as do arquipélago havaiano.

Therezinha de Castro identificou o importante papel que as ilhas tiveram na expansão da presença europeia no Atlântico Sul, durante o tempo das grandes navegações e descobertas, quando novas terras e novas rotas marítimas foram localizadas.

Esse aspecto foi particularmente relevante no caso português uma vez que, isolado na península europeia, encurralado pelo Reino de Espanha e sem a possibilidade de uma expansão territorial credível, o país identificou no mar a única alternativa para ampliar seu poder. Como resultado, Portugal tornou-se a vanguarda do expansionismo europeu, buscando novas rotas para o Oriente, sem precisar enfrentar os mulçumanos que dominavam os antigos caminhos para a Índia.

Nessa expansão marítima de Portugal, as bases insulares foram cruciais para que pudessem avançar em direção ao Cabo da Boa Esperança. Ressalta-se nessa jornada o fato de que a costa africana possui algumas ilhas que são melhores para o apoio de navios do que a própria costa. Bases que ficaram conhecidas como "feitorias" foram estabelecidas nos Açores, em Madeira, nas Ilhas Canárias, em Cabo Verde, em São Tomé e Príncipe, tanto para apoiar as atividades comerciais portugueses do continente quanto para defender militarmente os seus interesses.

Vale ressaltar, no entanto, que esse fenômeno também pode ser observado na Espanha durante sua própria conquista de novas terras americanas. Com sua "**Rota do Norte**" em busca do espaço caribenho, os espanhóis também utilizaram as ilhas existentes para apoiar a conquista da América Central e a costa oeste da América do Sul através do istmo do Panamá.[70]

Therezinha analisa o dispositivo das ilhas do Atlântico Sul. A partir da linha do equador, as ilhas (como **Ascensão**, **Santa Helena**, **Fernando de Noronha** e **Tristão da Cunha**) permitem o acesso pelo flanco às fronteiras terrestres do Atlântico Sul. E por outra perspectiva, mais ao sul, já para a Antártida, as ilhas (como as **Malvinas**, **Gough**, **Orkney do Sul** e **Sandwich**) podem funcionar tanto como base para projeção de forças no continente branco, como ponto de apoio à navegação no Estreito de Drake, uma ligação estratégica entre o Atlântico e o Pacífico.

Nesse ponto, a autora se dedica às ilhas do Brasil salvaguardadas pela Marinha: **Fernando de Noronha**, ao largo da costa de Pernambuco, **Trindade** e **Martim Vaz**, em alto-mar na altura do Rio do Janeiro. Além dessas mais próximas, a meio caminho entre o Brasil e a África estão as ilhas **São Pedro e São Paulo**, que abrigam estações científicas, também mantidas pela Marinha, e hospedam pesquisadores brasileiros que legitimam a soberania do Brasil com suas presenças.

Para a autora, o Brasil não poderia jamais negligenciar o "fator marítimo" como alguns governos haviam feito!

[70] CASTRO, 1999, p. 121.

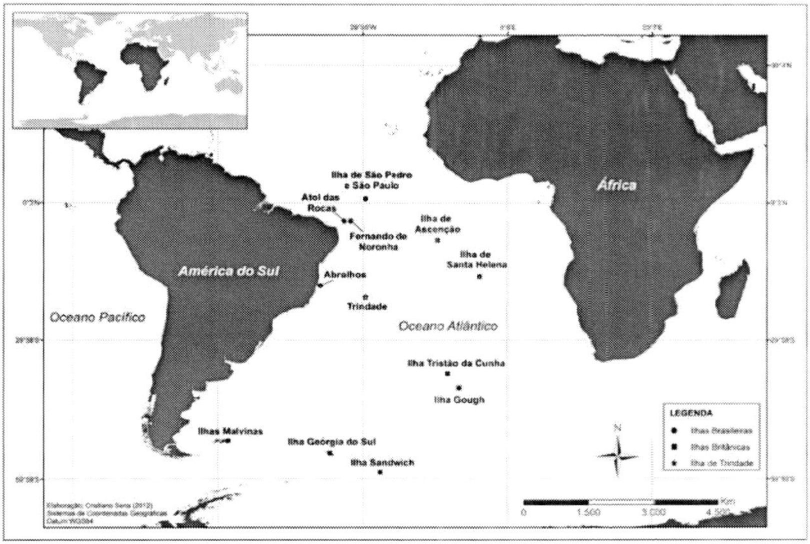

Figura 25 – Ilhas do Atlântico Sul
Fonte: Castro (1999, p. 122)

No final da Guerra Fria, Therezinha de Castro construiu a "**Tese da Triangulação da Ilha**" do Atlântico Sul (Figura 26). Em sua concepção, havia agrupamentos específicos de ilhas nessa região oceânica que poderiam exercer uma impressionante pressão estratégica em certos continentes ou em certas áreas marítimas cruciais, dentre as quais o Brasil.

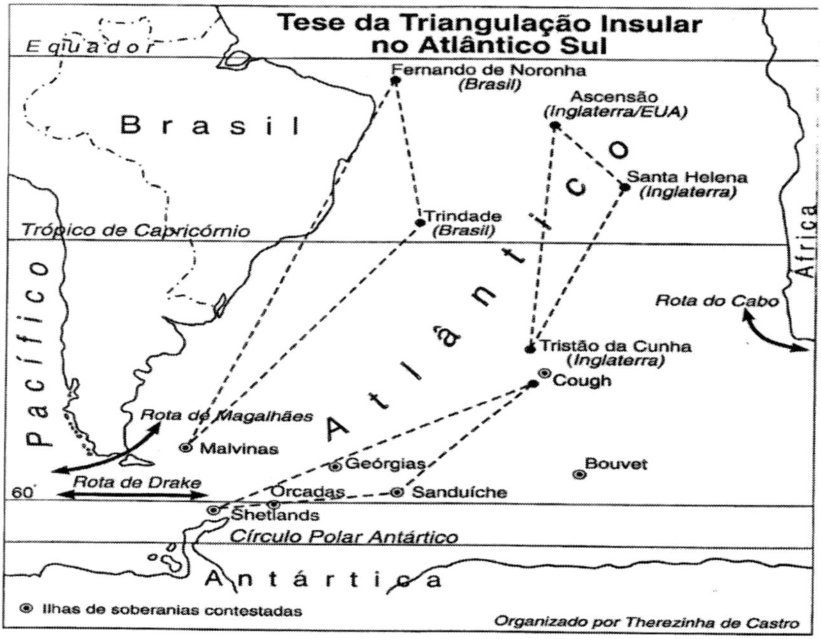

Figura 26 – Tese da triangulação insular
Fonte: Castro (1999, p. 302)

O primeiro desses triângulos delimitados por Therezinha de Castro seria composto pelas ilhas de **Santa Helena**, **Ascensão** e **Tristão da Cunha**. Com uma clara projeção para a costa sudoeste da África, esse grupo de ilhas foi visto como "**bases de apoio**" anglo-saxônicas, atestando a presença da Otan (Organização do Tratado do Atlântico Norte) no contexto da transição do oceano Atlântico para o oceano Índico pelo Cabo da Boa Esperança.

Ressaltando a disputa entre o Reino Unido e a Argentina, a autora enfatiza o papel do segundo triângulo, composto pelas ilhas de Fernando de Noronha, Trinidad e Tobago e Ilhas Malvinas, sendo esse grupo um "**posto avançado para manter a integridade**" da América do Sul, desde a Argentina até o norte da costa brasileira.

Finalmente, o triângulo semiantártico era formado pelas ilhas **Gough, Orcadas do Sul** e **Shetlands do Sul**, **incluindo Geórgia do Sul** e **Sandwich do Sul**. A principal importância estratégica dessas ilhas, além de "interpenetrar" na zona de influência dos outros triângulos, seria a de representar um vácuo tático. Durante a Guerra Fria, a Antártida e as ilhas vizinhas da terra representavam uma "**retaguarda não defendida**"; além do mais, esse triângulo também foi considerado muito importante para a futura exploração da Antártida.

"América do Sul – uma vocação política"

Therezinha de Castro apresenta sua visão geopolítica do continente sul-americano neste artigo publicado em 1997 na Escola Superior de Guerra (ESG). Deve-se notar que a data coincide com a época na qual a região buscou se adaptar à tendência internacional de formação de blocos econômicos para uma melhor integração em um mundo globalizado. Foi o período de grande valorização do Mercado Comum do Sul, por exemplo.

Depois de uma breve caracterização geográfica centrada na forma triangular do continente sul-americano, banhado pelos oceanos Pacífico e Atlântico e próximo ao continente austral, a autora embarca em uma retrospectiva histórica da ocupação territorial. Para não se tornar algo repetitivo, iremos apenas ressaltar os aspectos relativos à fragmentação da América espanhola, contrariamente ao que ocorreu no Brasil.

Therezinha de Castro apresenta as seguintes conclusões:

- A **unidade andina contribuiu**, inicialmente, para o estabelecimento de um único projeto colonial – o projeto espanhol, estendendo-se de norte a sul da costa isolada do Pacífico.
- A **variedade da Costa Atlântica**, a mais disputada, favoreceu a criação de vários projetos coloniais – espanhol, português, inglês, holandês e francês.

- No **setor central do continente**, desprovido de uma grande área geográfica e de acessos marítimos, há uma tendência para tentar chegar ao Atlântico.
- A **vocação atrativa do Atlântico**, ligada à presença de importantes bacias hidrográficas, associadas às articulações costeiras, favorece a comunicação com a parte interior do continente.

Evocando a evolução política do continente no século XIX, a autora agrupa os países em quatro grandes regiões naturais:

- Caribe

Nessa região, a Colômbia e a Venezuela discordam sobre a questão do mar territorial no Golfo de Maracaibo, uma área de alto potencial petrolífero. No que diz respeito à Colômbia, merece destaque o fato de que é o único país bioceânico no continente e que também é o ponto de conexão com a América Central. Tais características, aliadas a seu acesso à bacia Amazônica, isto é, à costa do Atlântico, aumentam seu valor político.

- Pacífico

Esta estreita faixa territorial delimitada pelos Andes inclui Chile, Peru, Equador e Colômbia. Alguns pontos de fricção importantes existem nessa região:

- A **questão do Condor**, relacionada à demarcação da fronteira entre o Peru e o Equador, desencadeou conflito armado entre os países envolvidos em 1994.
- A questão da **saída marítima da Bolívia** é sempre motivo de preocupação. A Guerra do Pacífico de 1879, entre Bolívia, Peru e Chile, resultou na incorporação pelo Chile de uma parte do deserto do Atacama que correspondia à costa boliviana.
- No sul, na **região glacial entre Argentina e Chile**, a questão de demarcação de fronteiras ainda era tensa até 1996, quando, finalmente, os dois países chegaram a um acordo.
- No extremo sul, algumas disputas entre o Chile e a Argentina permeiam as relações entre os dois países. Em particular, a pro-

jeção continental na Antártida, que sempre parece ser motivo de preocupação.

- Interior

Nessa região, encontramos a Bolívia, cujo ponto de atrito já foi apresentado, e o Paraguai, totalmente dependentes da assistência do Brasil e da Argentina em relação ao seu comércio exterior. A autora evoca o pensamento de Travassos que valorizou a região central por sua capacidade de conectar outras regiões do continente.

- Atlântico

Do ponto de vista das rivalidades, Therezinha nos lembra das origens do Uruguai como um Estado-tampão entre o Brasil e a Argentina. Por outro lado, hoje, com fronteiras estabelecidas e qualquer possibilidade de conflito armado afastada, as duas maiores nações da América do Sul estariam competindo pela liderança regional em termos econômicos.

Na última parte de seu artigo sobre atritos e questões contenciosas do continente, Therezinha de Castro conclui sobre a importância que o Brasil tem para a região. Seja pelo seu tamanho territorial que conecta todas as regiões descritas anteriormente, seja por sua capacidade econômica e militar, o país aparece como um líder natural do continente. Como o único país a capitalizar o desejo e até mesmo a necessidade de uma grande associação de nações na região, o Brasil deve desempenhar o papel principal.

Conclusão intermediária

> A contribuição de Alfred Mahan (1840-1914) à geopolítica reside na atenção que ele leva ao papel dos espaços marítimos sobre as rivalidades do poder. Segundo ele, a chave do poder não reside na conquista terrestre, mas no controle dos mares.[71]

[71] LOUIS, 2016, p. 41.

Therezinha de Castro representa a modernidade do pensamento geopolítico brasileiro. Suas ideias chegaram ao século XXI com a certeza de que o Brasil tem seu lugar entre as nações mais desenvolvidas.

O Atlântico Sul representou para a autora o marco da projeção internacional do Brasil. Negligenciado por sucessivos governos civis, o oceano estaria no DNA do país nascido no contexto de grandes navegações. Não é por acaso que alguns autores designaram Therezinha de Castro como a versão brasileira de Mahan. Em resumo, não se pode negar que a autora foi a mais importante pensadora brasileira dos mares do século XX.

Preocupada com a passividade brasileira frente à ocupação antártica por parte de países desenvolvidos situados longe da região, Therezinha de Castro foi a grande apoiadora do Programa Antártico Brasileiro (Proantar), cujo ponto forte foi a instalação da base de pesquisa "Comandante Ferraz" no continente austral.

A teoria da defrontação, projeção no continente branco, de origem canadense e elaborada sobre o Ártico, foi defendida pela autora para o que seria uma parte justa da ocupação do continente sul. Por outro lado, os efeitos que ela esperava em relação à Antártida não foram totalmente obtidos, uma vez que as potências já presentes na região recusaram-se a discuti-la na plenitude.

Sua avaliação das ilhas do Atlântico Sul, que se conectam em uma linha imaginária dos Andes e da Antártida, foi relevante para o estudo da defesa do continente sul-americano. Permitida a posse por nações externas, elas podem representar risco para a soberania nacional.

Nesse caso particular, sua tese da triangulação insular confere às ilhas de Fernando de Noronha, Trindade e Malvinas um papel de verdadeiro escudo defensivo para o Brasil. Talvez esse pensamento tenha influenciado a postura do Brasil em favor dos argentinos na disputa das Malvinas em 1982. Therezinha de Castro não escondia os aspectos geopolíticos mais favoráveis ao Brasil, embora não haja evidências claras de que sua teoria tenha tido efeitos sobre a política externa brasileira na época.

Deve-se notar que a obra de Therezinha de Casto, embora centrada no oceano Atlântico, não se limitou a ele. Em seu artigo "América do Sul – uma vocação política", a autora justifica a capacidade brasileira de desempenhar o papel de liderança, independentemente do processo de unificação política, econômica ou militar da região.

CONCLUSÃO

Antes de concluir este estudo sobre a evolução da Escola Geopolítica Brasileira no século XX, é importante destacar o caminho percorrido. Trata-se de uma análise aprofundada dos trabalhos vistos como mais representativos entre os cinco autores considerados responsáveis pela introdução e pela construção de tal escola.

Foi possível identificar o encadeamento de ideias entre os autores em uma clara construção de pensamento, pois todos procuraram ir mais além do que seu predecessor. As obras selecionadas permitem que o leitor visualize o todo, o conjunto da ópera, de maneira precisa e concisa. É sem dúvida um trabalho para aqueles que buscam uma rápida referência. É também uma porta de entrada para os que gostam do tema.

Ao mesmo tempo, foi possível entender a forma como os autores estrangeiros influenciaram o trabalho dos brasileiros. Aqui, me permito compartilhar a motivação desta pesquisa apresentada na École Pratique des Hautes Études, Université Sorbonne, Paris, em 2018, quando tive a oportunidade de frequentar o programa de mestrado dessa instituição. Simplesmente, os nossos autores são desconhecidos pela esmagadora maioria dos estudiosos na Europa.

Nesse sentido, este trabalho não deixou dúvidas de que temos sim uma produção intelectual de primeira grandeza. Algumas influências externas são normais, do contrário, todo conhecimento deveria ser reconstruído para que se considerasse verdadeiro, inovador, criativo. A roda teria de ser reinventada a cada nova pesquisa!

Figura 27 – Pontos de contato entre autores brasileiros e estrangeiros
Fonte: o autor

Esses traços de escolas estrangeiras foram vistos durante o nosso trabalho. Evidentemente, essas influências externas estão presentes, mas os autores brasileiros também desenvolveram teorias e modelos verdadeiramente nacionais, como mostraremos a seguir.

Vamos retomar a definição do que é uma escola usada na introdução deste trabalho: "***conjunto de partidários da mesma doutrina** [...] **grupo de artistas da mesma tendência***".[72] De fato, é possível ver uma ligação e até continuidade entre os geopolíticos estudados, como mostra a Figura 28:

[72] LARROUSE, 2014, grifos nossos.

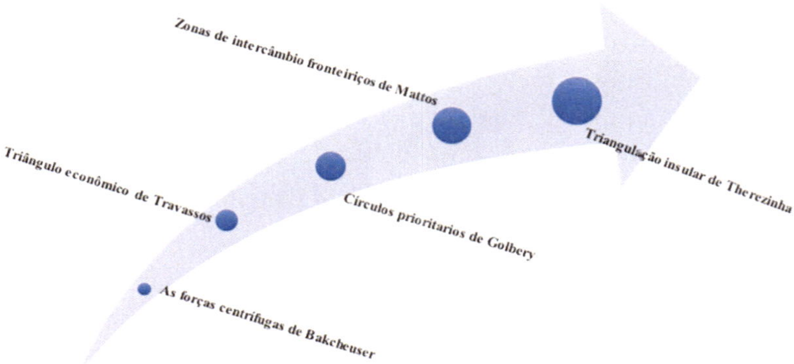

Figura 28 – Encadeamento das principais teorias brasileiras
Fonte: o autor

Deve ser entendido o porquê dessa continuidade. Quando olhamos para as biografias de cada autor, há algumas coincidências. Os quatro últimos eram ligados à Escola Superior de Guerra (ESG) no Rio de Janeiro, o que também explica certa uniformidade de metodologia.

Nesse particular, a criação da ESG deve ser enquadrada no contexto da Guerra Fria como homóloga ao "War College" americano. Seu objetivo inicial estava ligado ao propósito de que os *Estados Unidos garantiriam a proteção da América do Sul contra o comunismo.* Daí decorre a predominância da escola anglo-saxônica dentro dos geopolíticos brasileiros.

A efervescente Escola Geopolítica Brasileira

Nesse ponto, é necessário retornar a algumas teorias geopolíticas brasileiras que foram analisadas durante o trabalho. Percebe-se uma argumentação que, partindo de uma abordagem eminentemente interna como a de Backheuser, criou, pouco a pouco, sem jamais abandonar as questões internas, uma visão de mundo centrada no Brasil.

O primeiro autor, Everardo Backheuser, deve ser entendido em seu contexto histórico, no qual o Brasil depositou suas esperanças de um futuro melhor na administração de Getúlio Vargas, que começou em 1930 o período da Nova República, prometendo mudanças profundas no sistema político vigente.

"De fato, a geopolítica apareceu no Brasil na década de 1920 com o trabalho do professor Backheuser, ou seja, imediatamente após o surgimento da corrente de ideia geopolítica na Alemanha."[73].

A influência da escola alemã é notória em várias passagens de suas obras, em que as ideias de Ratzel e Kjellén são mencionadas. Em particular, a comparação entre Estado-nação e corpo humano, conhecida como teoria organicista, lhe serviu como base para a reflexão de soluções inovadoras.

> Assim se estabelece a Organização Política do Território: o Estado é constituído como um organismo ligado a uma fração determinada da superfície da terra, de modo que suas propriedades provêm das do povo e do solo.[74]

Por outro lado, deve-se notar que o pensamento geopolítico brasileiro nunca foi expansionista como o dos alemães. Nossa conformação territorial é uma herança portuguesa, como mencionado. Bem verdade que, ao sair do domínio de Portugal, o fato de o país se autointitular "**Império do Brasil**" incomodou os vizinhos, mas a história mostra que não houve nenhum movimento de conquista.

Backheuser aproveita a visão organicista para apoiar suas propostas de divisão territorial. O autor apresenta-nos uma reconfiguração territorial do país, com base ao mesmo tempo no modelo norte-americano de 50 estados e no modelo francês de 85 departamentos. No que diz respeito a este último, o Brasil havia se inspirado nos ideais da Revolução Francesa, mas sem adotá-los completamente. Nosso país deveria ter 64 estados, com menor autonomia adminis-

---

[73] PROST, 2003, p. 10, grifos nossos.

[74] RATZEL, 1987, p. 61.

trativa. Assim, estaria materializada a proposição de Ratzel de que *"nenhum órgão do corpo humano deve ser autônomo, mas sim integrado ao corpo humano[75]"*.

Para defender o reposicionamento da capital federal e sua construção na região central do país, o autor enfatiza que a situação ideal é sempre colocar o centro de poder no centro de gravidade para que se possa melhor administrar todas as regiões e desenvolvê-las. Na década de 1950, a cidade de Brasília foi finalmente construída no coração do país, no estado de Goiás. Essa argumentação recebeu o nome de "**forças centrífugas do Estado**".

Sobre o tema das fronteiras, Backheuser propõe um padrão de ocupação conhecido como "**marcha brasileira para o oeste**", considerado por ele uma questão de soberania em relação aos países vizinhos. Com base em suas ideias, existiram várias ondas de imigração do Sul e do Sudeste para o Oeste e o Norte do Brasil, incentivadas pelo governo federal. Backheuser foi o primeiro a estabelecer uma teoria dinâmica de fortalecimento das fronteiras em referência à teoria organicista do Estado. A colônia havia sido a época de uma grande distensão das fronteiras; o Império, de sua regularização; e a República, de sua fixação e demarcação. Mas preocupado com o "**quociente de pressão nas fronteiras**", o autor pediu a "vivificação e revitalização" delas.[76]

Após as ideias de Backheuser, Mário Travassos continuou conduzindo um estudo um pouco mais amplo em relação ao espaço analisado. Ele saiu de uma visão puramente interna para falar também sobre a posição brasileira no continente da América do Sul.

Suas proposições baseiam-se nos antagonismos geográficos que compartimentam a América do Sul: as relações inter-regionais são condicionadas pela oposição Pacífico *versus* Atlântico e pela competição entre a bacia do Prata e bacia do rio Amazonas, ambas orientadas para o Atlântico, mas com dinâmicas independentes.

---

[75] RATZEL, 1987, p. 64

[76] PROST, 2003, p. 82.

De maneira didática, é possível destacar os seguintes temas aos quais se dedica o pensamento de Mário Travassos e que estão presentes, ao longo do tempo, na geopolítica do Brasil:

- A rivalidade entre **Brasil e Argentina** competindo por algum tipo de liderança na região.
- A **importância da Amazônia** como área capaz de diminuir a proeminência argentina e também a **influência dos Estados Unidos na América do Sul.**
- A importância do "**triângulo econômico**" da Bolívia como zona de transição entre as bacias do Amazonas, do Prata e a região dos Andes.

Em relação à Argentina, deve-se notar que tal rivalidade trata-se de um legado do passado colonial, quando Portugal e Espanha lutaram pela posse da bacia do Prata, como mencionado na introdução deste trabalho. Além disso, essa competição/antagonismo só foi encerrada em 1985 por ocasião da Declaração de Foz de Iguaçu, marcando a construção de uma cooperação econômica antes do Mercado Comum do Sul (Mercosul), criado em 1991.

No que diz respeito à Amazônia, as reflexões de Travassos foram utilizadas praticamente por todos os autores posteriores que se dedicaram ao estudo da geopolítica brasileira. A preocupação com o desenvolvimento sustentável, as questões ambientais, as questões indígenas e a soberania na região são temas ainda hoje presentes no Brasil.

Quando o autor analisa o "triângulo econômico", é perceptível como pano de fundo a teoria do **poder terrestre de Mackinder**. O "heartland" da América do Sul se encaixa perfeitamente na Bolívia. No entanto, não há referência direta a esta terminologia Everardo Beckheuser havia feito em relação às ideias de Ratzel.

A análise geopolítica de Mário Travassos foi utilizada no atual planejamento da infraestrutura rodoviária da América do Sul, contexto da Iniciativa para a Integração da Infraestrutura Regional na América do Sul (Iirsa) que teve início em 2000. No eixo Brasil-

-Bolívia-Peru/Chile (também conhecido como Eixo Interoceânico de Capricórnio), a centralidade da cidade boliviana de Santa Cruz de La Sierra é claramente perceptível, pois funciona exatamente como conexão entre o Atlântico e Pacífico.

O período que denominamos "os fundadores" abriu espaço para Golbery do Couto e Silva, que muito contribuiu para o pensamento geopolítico brasileiro. Seu trabalho consiste em vários artigos que foram reunidos para garantir um encadeamento lógica de suas ideias. De maneira clara e didática, ele apresenta notavelmente sua visão egocêntrica do Brasil, um país que ele acredita ter futuro promissor. A jovem Escola Geopolítica Brasileira rompeu com o espaço sul-americano para adotar uma visão mundial.

A **teoria dos círculos prioritários do Brasil**, com suas representações cartográficas, estabeleceu uma visão de inserção internacional que o país deveria seguir. É fácil encontrar aí a preocupação com a temática da segurança diante da ameaça comunista que, segundo ele, localizava-se no terceiro círculo. A partir dessa representação deriva a lógica da integração nacional, que privilegia a conexão com o primeiro círculo e, em um segundo momento, com o círculo intermediário.

Nesse sentido, o autor destaca dois fatores segundo os quais o Brasil apresentava vantagem para estabelecer uma relação mais forte com os dois círculos prioritários. Primeiro, o passado colonial português na África que, acima de tudo, permitiria a formação de uma comunidade sob a liderança do Brasil. Em seguida, os valores do catolicismo que serviriam para facilitar a construção de relações consistentes para um Brasil com papel de protagonista nacional.

É indiscutível que os aspectos mencionados foram em grande parte aplicados pelos responsáveis por nossa política externa que, desde a década de 1960, ampliou a aproximação com os países de língua portuguesa até a criação da Comunidade dos Países de Língua Portuguesa (CPLP) em 1996. Ademais, a teoria dos círculos prioritários embasou as construções de alguns mecanismos de cooperação regional, tais como o Mercado Comum do Sul (Mercosul) ou o Tratado de Cooperação Amazônica, na América do Sul; e a Zona de Paz e Cooperação do Atlântico Sul (Zopacas), parceria com países africanos.

Além disso, o autor reutiliza a definição de "heartland" de Mackinder para enfatizar a importância da porção central da América do Sul, a fim de que o país pudesse exercer seu poder de influência em todo o continente. Cabe ressaltar que, apesar da apropriação da terminologia inglesa, Golbery apenas expandiu o "triângulo econômico" definido por Mário Travassos.

Devido à sua preocupação com o planejamento estratégico do Brasil, o autor definiu os Objetivos Nacionais Permanentes que permitiriam a direção do governo ao longo do tempo. A partir daqui que a Doutrina da Segurança Nacional foi produzida, dentro da Escola Superior de Guerra (ESG), para a qual Golbery desempenhou um papel fundamental.

Carlos de Meira Mattos, por seu turno, fortalece a construção de um "**Brasil potência**" no século XXI. Ele provou ser um verdadeiro defensor do pensamento geopolítico brasileiro. Para Mattos, a escola alemã determinista e a escola possibilista francesa não eram úteis para o desenvolvimento do Brasil.

Em relação às influências externas, Mattos inspirou-se claramente no britânico Toynbee, colocando em perspectiva a teoria dos "desafios e respostas" para mostrar que as reações do Brasil aos problemas encontrados tiveram a capacidade de impulsionar o seu poder nacional. Também se inspirou no professor americano Cline, de cujo conceito de "poder perceptível" ele se apropriou e deu um toque próprio ao acrescentar o fator "capacidade de persuadir e de influenciar" de uma nação.

Seguindo nessa direção, Meira Mattos buscou explorar conceitos básicos, tais como "**potência regional**", "**potência global**" e o "**papel do Estado**" na figura de coordenador do esforço desenvolvimentista. O debate intelectual resultou em metodologia capaz de posicionar o Brasil em um ranking que analisava o potencial dos países. Em uma autoanálise, foi possível estabelecer medidas para reverter o quadro desfavorável da época.

Sua argumentação para inserção do Brasil no concerto das nações baseia-se na teoria dos círculos prioritários de Golbery. O autor propõe a adesão do Brasil em alianças militares hemisféricas, ao tempo que sugere a construção de uma aliança na América do Sul. Na mesma linha de pensamento, o continente africano continua sendo uma prioridade no prisma da segurança nacional.

Para Mattos, as relações internacionais são sempre realistas. Portanto, o autor critica a tendência brasileira de ver o mundo quase sempre idealisticamente. O forte exemplo da política de Churchill durante a Segunda Guerra Mundial é levado em consideração em oposição ao idealismo de seu antecessor. Ele indicou medidas concretas para alcançar o projeto de um "**Brasil potência**". Com base no raciocínio lógico, os caminhos internos e externos foram rigorosamente explorados.

> O autor atribuiu ao Estado, pela ação coordenadora do poder político, a tarefa de transformar o país em uma potência de primeira ordem dentro do cenário mundial. O modelo a adotar foi interno e externo; por um lado, era necessário que o Brasil construísse as redes de transporte necessárias para sua interiorização – o que denomina "vertebração" do território nacional. Em segundo lugar, o Brasil deveria se adequar às condições do ambiente externo – contribuir para alianças hemisféricas com os Estados Unidos em primeiro lugar, de forma depois autônoma, em parceria com os países da América do Sul.[77]

A visão de uma América do Sul mais integrada foi gradualmente desenvolvida nos trabalhos de Meira Mattos, dentre os quais se destaca o livro *Uma geopolítica pan-amazônica*, de 1980, quando expressou seu otimismo sobre o Tratado de Cooperação Amazônica (TCA). Para ele, esse instrumento também serviria ao grande

[77] LUZ GABRIEL, 2012, p. 127.

objetivo de evitar uma presença extracontinental que representaria uma ameaça para todos.

Mattos dedica especial atenção à Amazônia, onde a "**vertebração**" do Brasil era historicamente precária. Essa característica poderia comprometer a soberania do país devido à ausência do Estado brasileiro na condução de projetos autenticamente regionais.

Para a situação negligenciada das fronteiras, o autor propôs a implementação do planejamento estratégico com base no que ele chamou de *"**zonas interiores de intercâmbio fronteiriças**"*, cuja finalidade era *"[...] aproveitar as conexões de transporte existentes e planejadas [para] conectar interesses brasileiros no plano internacional agregando benefícios aos países vizinhos"*.[78]

Pela primeira vez na história do pensamento geopolítico brasileiro, a ocupação da Antártida foi alvo de reflexão. Justificando seu argumento no Tratado da Antártida de 1959, sob o princípio da projeção continental, Mattos pressiona o Brasil a buscar o seu lugar no continente branco.

Finalmente, chegamos aos escritos de Therezinha de Castro, que acrescentaram o "fator marítimo" à escola brasileira. O Atlântico Sul representou para a autora um passo crucial para a projeção internacional do Brasil. Negligenciado por sucessivos governos civis, o oceano estava no DNA de um país nascido no contexto de grandes navegações. Não é por acaso que alguns analistas interpretaram Therezinha de Castro como a versão brasileira de Mahan.

Preocupada com a passividade brasileira frente à ocupação antártica por parte de países desenvolvidos situados longe da região, Therezinha de Castro foi a grande apoiadora do Programa Antártico Brasileiro (Proantar), cujo ponto forte foi a instalação da base de pesquisa "Comandante Ferraz" no continente austral.

A teoria da defrontação, projeção no continente branco, de origem canadense e elaborada sobre o Ártico, foi defendida pela autora para o que seria uma parte justa da ocupação do continente

---

[78] MATTOS, 1958, p. 112, grifos nossos.

sul. Por outro lado, os efeitos que ela esperava em relação à Antártida não foram totalmente obtidos, uma vez que as potências já presentes na região recusaram-se a discuti-la na plenitude.

Sua avaliação das ilhas do Atlântico Sul, que se conectam em uma linha imaginária dos Andes e da Antártida, foi relevante para o estudo da defesa do continente sul-americano. Permitida a posse por nações externas, elas podem representar risco para a soberania nacional.

Nesse caso particular, sua tese da triangulação insular confere às ilhas de Fernando de Noronha, Trindade e Malvinas um papel de verdadeiro escudo defensivo para o Brasil. Talvez esse pensamento tenha influenciado a postura do Brasil em favor dos argentinos na disputa das Malvinas em 1982. Therezinha de Castro não escondia os aspectos geopolíticos mais favoráveis ao Brasil, embora não haja evidências claras de que sua teoria tenha tido efeitos sobre a política externa brasileira na época.

O fato é que o Brasil atingiu o século XXI perseguindo seu sonho de se tornar uma potência no concerto das nações. O otimismo de Meira Mattos para o ano 2000 não se concretizou. Por outro lado, a liderança regional do Brasil está consolidada, e sua presença em organizações e fóruns internacionais é considerada essencial para soluções de alguns desafios globais, por exemplo, a adoção da agenda econômica para o desenvolvimento sustentável. Certamente, novos autores darão continuidade a esse encadeamento de ideias, aperfeiçoando os conceitos já solidificados e indo muito além de seus antecessores. O futuro do Brasil chegou!

REFERÊNCIAS

Fontes Primárias

BACKHEUSER, E. *Problemas do Brasil. Estrutura geopolítica. O espaço.* Rio de Janeiro: Grupo Editor Omnia, 1933.

CASTRO, T. de. Antártica, a questão do momento. *Boletim Geográfico*, p. 142, 15 jan. 1958.

CASTRO, T. de. Antártica. *Leitura Selecionada 802* – Escola Superior de Guerra, 9 jan. 1997.

CASTRO, T. de. Antártica. *Leitura Selecionada 806* – Escola Superior de Guerra, 9 jan. 1998.

CASTRO, T. de. *Geopolítica*: princípios, meios e fins. Rio de Janeiro: Biblioteca do Exército Editora (BIBLIEx), 1999.

MATTOS, C. de M. Interpretação geopolítica do Brasil. *A Defesa Nacional*, 5 dez. 1958.

MATTOS, C. de M. *A geopolítica e as projeções do poder.* Rio de Janeiro: Biblioteca do Exército Editora (BIBLIEx), 1977.

MATTOS, C. de M. *Uma geopolítica pan-amazônica.* Rio de Janeiro: Biblioteca do Exército Editora (BIBLIEx), 1980.

MATTOS, C. de M. *Geopolítica e trópicos.* Rio de Janeiro: Biblioteca do Exército Editora (BIBLIEx), 1984.

RATZEL, F. *La géographie politique.* Paris: Fayard, 1987.

SILVA, G. do C. e. *Geopolítica del Brasil.* Tradução de R. Schilling. México: El Cid, 1978.

SILVA, G. do C. e. *Conjuntura política nacional.* Rio de Janeiro: José Olympio, 1981.

SILVA, G. do C. e. Conjuntura política nacional – o poder executivo. *Revista da Escola Superior de Guerra,* Rio de Janeiro, v. 12, p. 113, 1989.

TRAVASSOS, M. *Projeção continental do Brasil.* Sao Paulo: Companhia Editora Nacional, 1935.

Fontes Secundárias

BOHOU, J.-M. *Géopolitique et projection de puissance du Brésil au XXIeme siècle.* Paris: L'Harmattan, 2007.

CAMPENHOUDT, R. L.; MARQUET, J.; QUIVY, R. *Manuel de recheche en sciences sociales.* Paris: Dunod, 2006.

CARMONA, R. G. *Geopolítica clássica e geopolítica brasileira contemporânea*: Mahan, Mackinder e a "grande estratégia" do Brasil para o século XXI. 2012. Dissertação (Mestrado) – Universidade de São Paulo, São Paulo, 2012.

CORREIA, P. de P. *Manual de Geopolítica e Geoestratégia* – Volume I: Conceitos, Teorias, Doutrinas. Coimbra: Edições Almedina SA., 2010.

COSTA FREITAS, J. M. *A escola geopolítica brasileira.* Rio de Janeiro: Biblioteca do Exército Editora (BIBLIEx), 2004.

COUTAU-BEGARIE, H.; MOTT, M. *Approches de la géopolitique de l'Antiquité au XXIe siècle.* Paris, Economica, 2013.

ÉCOLE PRATIQUE DES HAUTES ÉTUDES. Université Sorbonne. Disponível em: https://www.ephe.fr/ecole/histoire-et-personnalites. Acesso em : 9 set. 2017.

ÉCOLE SUPÉRIEUR DE GUERRE (ESG). Disponível em: http://www.esg.br/index.php/br/2014-02-19-17-51-50/apresentacao. Acesso em : 24 set. 2017.

FACHIN, O. *Fundamentos de metodologia.* São Paulo: Saraiva, 2002.

FREITAS, J. M. *A escola geopolítica brasileira*: Golbery do Couto e Silva, Carlos de Meira Mattos e Therezinha de Castro. Rio de Janeiro: Biblioteca do Exército Editora (BIBLIEx), 2004.

GIL, A. C. *Métodos e técnicas de pesquisa social.* São Paulo: Atlas, 2008.

GONÇALVES, N. G. Doutrina de segurança nacional e desenvolvimento na ditadura civil-militar: estratégias e a educação. SIMPÓSIO NACIONAL DE HISTÓRIA, 26., 2011, São Paulo. *Anais* [...]. São Paulo: Anpuh, 2011. p. 17.

LACOSTE, Y. *La longue histoire d'aujourd'hui.* Paris: Larousse, 2006.

LAROUSSE. *Le petit Larousse.* Paris: Larousse, 2014.

LES FRONTIERES DE LA GUYANE ENTRE TENSIONS ET INTEGRATION. [*s. d.*]. Disponível em: https://hist-geographie.dis.ac-guyane.fr/IMG/doc/1b1_les_frontieres_de_la_guyane_entre_tensions_et_integration-2-2.doc. Acesso em : 30 set. 2017.

LOUIS, F. *Les grands théoriciens de la géopolitique.* Paris: PUF, 2016.

LUZ GABRIEL, P. H. *O pensamento geopolítico brasileiro*: a originalidade das contribuições de Carlos Meira Matos. 2012. Dissertação (Mestrado) – Universidade Federal Fluminense, Niterói, 2012.

MAFRA, R. M. de O. *Geopolítica*: Introdução ao Estudo. São Paulo: Sicurezza, 2006.

MINISTÉRIO DA DEFESA DO BRASIL. Escola de Comando e Estado-Maior do Exército (Eceme). Disponível em: http://www.defesa.gov.br/ensino-e-pesquisa/instituicoes-de-ensino-militar/instituicoes-de-ensino-e-pesquisa-vinculadas-ao-exercito-brasileiro/escola-de-comando-e-estado-maior-do-exercito-eceme. Acesso em : 25 set. 2017.

MIYAMOTO, S. *Geopolítica e poder no Brasil.* Campinas: Papirus, 1995.

PRODANOV, C. C.; FREITAS, E. C. de. *Metodologia do trabalho científico*: métodos e técnicas da pesquisa e do trabalho acadêmico. Novo Hamburgo: Feevale, 2013.

PROST, C. *L'armée brésilienne:* organisation et rôle géopolitique de 1500 à nos jours. Paris: L'Harmattan. 2003.

THIJSMAN, C. *Observatoire en géostrategie de Lyon*. 22 dez. 2014. Disponível em: http://www.geolinks.fr/dictionnaire-de-geopolitique/les-facteurs-de-puissance-2/. Acesso em: 16 mar. 2018.

UNESCO. Programme mondial pour l'évaluation des ressources en eau (WWAP). 2017. Disponível em: http://www.unesco.org/new/fr/natural-sciences/environment/water/wwap/case-studies/latin-america-the-caribbean/la-plata-basin-2006/. Acesso em: 24 set. 2017.

URIOSTE, F. C. M. *Concentración y extranjerización de la tierra en Bolívia*. La Paz: Fundación Tierra, 2011.

WHITAKER, R. *Atlântico Sul & ilhas britâncias*: análise geopolítica pelo pensamento de Therezinha de Castro. 2016. Dissertação (Mestrado) – Universidade Federal Fluminense, Niterói, 2016.